新たな薬事制度を求めて

日独法制度の比較から

明治大学ELM
明治大学法学部比較法研究所 編

尚学社

目　　次

第1部　医薬品・医療機器に関する制度概要

第2部　医薬品の規制をめぐる制度

第3部　総合討論

巻頭言

　明治大学法学部は，創立130周年にあたる2011（平成23）年に，「法・医・倫理の資料館」（ELM）を立ち上げ，2015（平成27）年から開館しました。ELMとは，倫理（Ethics），法（Law），医療（Medicine）の頭文字をとった名称です。

　ELMの第一の使命は，法学の一領域に独自の理念と体系をもった「医事法学」を確立した故 唄孝一氏（東京都立大学名誉教授，2011年1月死去）がその生涯をかけて収集し，本学に寄贈された医事法学に関する書籍，公文書，音声・映像資料を基礎に，国内外の関係資料を広く収集・管理・公開することで，我が国における医事法学研究の進展に寄与することにありますが，さらには，収集整理した資料を用いて，法学研究者のみならず，医療関係者・法曹実務家などとも連携しながら，医療・生命倫理の領域における総合的研究機関たることを目指しています。

　ELMは，開設以来，小西知世准教授の献身的な努力によって運営されてきましたが，このほど，比較法研究所（所長：メンクハウス教授）の協力も得て，ELM主催による初の国際シンポジウムの開催に至りました。本書は，その成果を纏めたものであり，学外諸機関との共同研究の成果公開に向けたELMの活動の方向性を示すものとなりました。

　ELMの今後の活動にご期待ください。

明治大学法学部長・ELM館長

村上一博

比較法研究所所長　ご挨拶

　比較法研究所所長として，心からご祝辞を申し上げます。

　比較法研究所は2015年に設立され，2017年にその活動を開始しました。2002年に活動を始めた“姉”とも言うべき「法・医・倫理の資料館」略してELMは，今回，私達に共催者として参加するようお申し出くださいました。

　このシンポジウムが，ドイツ法との比較を中心に行われていることを，とても嬉しく思います。ドイツとの比較法研究には長い伝統があるからです。それは現在の獨協大学の前身である獨逸学協会学校が1883年に創立されたことを皮切りに，集中的に取り組まれてきました。当時，いわゆる「不平等な」条約締結を背景に，多くのドイツ人法律家が教師として日本に招聘され，日本人学生たちはドイツの大学の法律学科へ派遣されました。そして数多くのドイツ法律文献が著され日本語に訳されたのです。その後，時を重ねるにしたがって，ドイツにおいて日本法の比較研究の重要度が増したことから，多くのドイツ人法律家達は，比較法研究ができる程度にまで日本語の読み書きができるようになることが必要となりました。かくして，約100年後の1988年，ドイツで独日法律家協会が設立されたことにより，それは確固としたものになりました。

　さらに，ここで医事法がシンポジウムのテーマとされていることも喜ばしいことです。医事法は，医療技術の目ざましい発展にともないダイナミックに研究が進められた法律分野であるだけではなく，独日間の医事法についての議論に，今回とくに関連づけて話されるべき歴史があるからです。1978年に開催された大阪でのシンポジウムでは，ドイツと日本における医薬品の問題がテーマとして取りあげられました。その内容は，ドイツ語ではArznei-

2

mittelprobleme in Deutschland und Japan というタイトルで，Kitagawa Zentaro と Peter Badura 編で1980年に Carl Heymanns 社で刊行されました。日本語でも同じ編集者により『医薬品問題と消費者　日独シンポジウム報告書』が日本評論社から1979年に刊行されました。直後の1979年には，再度，大阪で「日独における健康制度」というタイトルのもとシンポジウムが開催されました。このシンポジウムも，日本語およびドイツ語に訳され出版され，大きな貢献をしました。ドイツ語版は Wolfgang Gitter により Das Gesundheitswesen in Deutschland und Japan として1982年に再び Heymanns 社から出版され，日本語は北川善太郎と Wolfgang Gitter が共同で編集し，『医療制度と法　日独医療制度シンポジウム報告書』として1980年に日本評論社から出版されました。当時は日本とドイツの国内法のみが取りあげられました。しかし現在，ドイツには欧州連合（EU）との関係があることから，両国の国内法のみをとりあげることができなくなりました。EU には立法権があり，医事法分野もそれに含まれるからです。

　最後に，報告者が大学のみならず個人として参加していることを，喜ぶべきこととして記しておきたいと思います。もちろん日本側の報告者だけでなくドイツ側の報告者も同様です。ドイツ側報告者の1人は，明治大学法学部の姉妹学部であるアウクスブルク大学法学部に所属している研究者であり，もう1人はドイツの大手医療品製造会社，メルク株式合資会社の職員です。私は，かつてメルク社の無限責任社員であり，メルク・コンツェルンの代表でもあった Karl-Ludwig Kley 氏と個人的に深い関係がありました。メルク社の報告者の旅費は，メルク日本支社の支社長である Roman Maisch 氏のご厚意によるものです。ここに心からの感謝の意を記しておきたいと思います。

メンクハウス・ハインリッヒ

本書の概要と目的，そして協力機関

小西知世

A. 本書の概要

　本書は，2019年3月21日，明治大学駿河台キャンパス・グローバルホールにて開催された国際シンポジウム「医薬品・医療機器をめぐる日独諸制度の比較」の内容を編集したものである。編集にあたっては，当日の内容を，原則，そのまま維持するものとした。しかしながら，紙幅の都合により配付資料等に詳細を記すことができなかった，あるいは時間の都合により報告に際にて省略せざるをえなかった内容の追加修正，その結果として平仄が合わなくなった部分の削除修正などのブラッシュアップを全面的に施した。

　他方，その作業中，日本の薬事制度の中核に位置する「医薬品，医療機器等の品質，有効性及び安全性の確保等に関する法律」の改正がなされた[1]。先に示した本書編集方針にしたがえば，本改正は，当然のことながら射程外となり，扱いえないことになる。もっとも，すでにシンポジウムが行われた段階で本改正のことにつき言及されていたこと，改正内容が無視しえない実質をともなうものであったことなどを勘案し，今回，必要最低限度の範囲で触れることとした。

1）「医薬品，医療機器等の品質，有効性及び安全性の確保等に関する法律等の一部を改正する法律」（令和元年12月4日法律第63号）による改正である。

B. 本書の目的

　①制度俯瞰，②制度比較，③空白補正──この3点が本書が掲げる主な目的である。

I. 薬事制度，なかんずく医薬品をめぐる制度の俯瞰

　本書が掲げる最初の目的は，薬事制度，とくに医薬品に関する制度を概観することである。

　現代の医療において，医薬品・医療機器は"なくてはならない必要不可欠なもの"となっている。その医薬品・医療機器の世界は，かつて経験したことのないパラダイムシフトに直面していると言われている。たとえば，医薬品をめぐる状況の変化について見てみよう[2]。

　まず，医薬品の質と特徴に大きな変化が生じてきている。2000年までは，化学物質の合成によって作られる低分子医薬品（化学薬品）が医薬品の中心であった。しかし，2000年代に入ってから，人体内で作り出されるホルモンや抗体などを遺伝子組み換え技術を用いて微生物や培養細胞に作らせる医薬品，いわゆるバイオテクノロジーを用いて製造されるバイオ医薬品が，医薬品のなかで重要な地位を占めるようになってきている。このバイオ医薬品は，性質上，低分子医薬品とは異なった製造方法や品質管理が必要であり，なおかつ安全性確保にかかわるリスクも高いと言われているため，製造・品質・安全性という側面で，これまでの医薬品とは大きく異なった対応が必要となってきている[3]。

2）パラダイムシフトの全体像を描いているものとして，中村和男「医薬品開発におけるパラダイムシフト」薬剤学75巻5号（2015年）271頁などを参照されたい。

3）松崎淳一「バイオ医薬品産業の現状と課題」生物工学会誌91巻9号（2013年）495－497頁，田中裕「バイオ医薬品への期待と課題」医療と社会24巻2号（2014年）170頁，国際製薬団体連合会＝日本製薬工業協会『バイオ医薬品──医療の新しい時代を切り開く』（2012年）1頁（http://www.jpma.or.jp/medicine/bio/pdf/bio_01.pdf〔2020年1月

そして現在，バイオ医薬品の中でも，細胞そのものを用いた細胞医薬品やウイルス製剤などという新たなタイプの医薬品の登場や実用化に向けた取り組みが進められるなかで，さらなる対応が求められてきているという現状にもある。

研究開発のスタイルにも大きな変化を看取することができる。従来，研究開発は，多分に経験・観察力・運・勘をベースとした偶然（serendipity）に立脚するものであった。しかし，ゲノム情報を含む様々なビッグデータや，ディープラーニングを導入したAIを使用した，まったく新しいスタイルの研究開発へと，現在スライドしようとしている[4]。

このように，バイオ医薬品・ビッグデータ・AIなど，主に2000年以降，急激に発達・展開してきた新たな技術が医薬品・医療機器の世界に大きな影響を及ぼし，結果，医薬品・医療機器の世界にこれまでとは違った姿と課題を見せ始めている[5]。確かに，現時点では，これらの技術は必ずしも確立した技術ではあるとは言い難い状況にある。しかしながら，早晩遠からず，確立し活用され大きな変革の時代を迎えると言われていることも周知のことであろう。その意味で，今，医薬品・医療機器の世界の立ち位置は，本格的なターニングポイントを迎える前夜にあると言えよう。

来たるべきこの変化にともない，必然的に医薬品と医療機器に関する法制度

31日アクセス〕）など参照。

4）この点については，原英彰「創薬のパラダイムシフト――見方を変えれば世界が変わる」日本薬理学雑誌138巻3号（2011年）133頁，山崎一人「ビッグデータがもたらす創薬のパラダイムシフト」学術の動向22巻7号（2017年）78-82頁，日本製薬工業協会医薬産業政策研究所『産業レポートNo.5　製薬産業を取り巻く現状と課題――よりよい医薬品を世界に届けるために　第1部：イノベーションと新薬創出』（2014年，http://www.jpma.or.jp/opir/sangyo/index.html〔2020年1月31日アクセス〕）などを参照されたい。

5）たとえば，日本製薬工業協会医薬産業政策研究所『医療健康分野のビッグデータ活用研究会報告書　vol.1～vol.4』（2016年～2019年，いずれも，http://www.jpma.or.jp/opir/journal/index.html〔2020年1月31日アクセス〕）などを参照されたい。

も変わっていくことが予想される[6]。そのとき，社会の枠組を形づくる法制度がどのような理念と原則に立つべきなのか，その理念と原則を受けていかなる法制度が形づくられるべきなのか，それらの法制度に対してどのように対峙すべきなのか，真剣に考えなければならないだろう。蓋し，医薬品・医療機器は，生命・身体・健康と直接かつ密接に関わってくるものであり，何かの間違いがあれば，すぐさま取り返しのつかない悲劇を招いてしまうからである。

これまで数多くの新しい医薬品・医療機器・医療技術が開発され，それらは，今まで患者も家族も医師も臍を噛むしかなかった病魔に対して，立ち向かう手段と勇気と希望と未来を与えてきた。しかし同時に，取り返しのつかない悲劇を，過去に何度も起こってしまった。この光と影を真正面から見据え，社会を形づくる法制度が，そして社会がそのものがどのように対応していくべきなのか考えることが必要である。目を背け，考えることもなく，ただ実態だけが進み，悲劇を招いてしまうことは何としても避けねばならない。

かような作業を始める際に重要なこと —— それは本格的なターニングポイントを迎える以前の「形」がどのようなものであったのか確認しておくことである。なぜなら，そこが分析と検討，そして予見のスタート地点となるからである。

かくして本書は，このタイミングを捉え，今後変わりゆくであろう医薬品・医療機器をめぐる法制度が，今，どのようになっているのか，将来に備えて俯瞰することを第1の目的として設定した。

もっとも，医薬品・医療機器に関するすべての状況を1冊の本で見渡すことは，限りなく不可能に近いことであると思われる。そこで本書は，**第1部**では現行法の全体像を俯瞰し，**第2部**以降，医薬品をめぐる現行制度に焦点を絞っ

6）この点に関するものとして，薬事制度そのものではないが密接に関わるものである個人情報保護法制の見直しが，薬事制度との関係上，喫緊の課題として各方面からすでに指摘されている。日本学術会議『提言 ゲノム医療・精密医療の多層的・統合的な推進』（2019年，http://www.scj.go.jp/ja/info/kohyo/pdf/kohyo-24-t278-1.pdf〔2020年1月31日アクセス〕）などを参照のこと。

た検討を加えていくことにする。さらに**第3部**では「安全」というコンセプト
を手がかりに，総合討論の形式で考えていくことにする。

Ⅱ．日独の制度比較

　第2の目的は，日本の制度をドイツの制度と比較することにより，日本の制
度を客観的に見つめ直し，考える機会を設けることである。

　自らの姿，とりわけ長所短所は，自分の力のみで把握しきれないところがあ
る。誰もが1度は，他者からの指摘をうけて，あるいは他者との比較を通じて，
自分を理解し再確認したという経験があろう。今回，海外の制度と比較した理
由は，ほかでもなくそこにある。

　なお，ここでなぜドイツを比較対象としたのか，その理由について簡単に述
べておこう。

　もちろんそこには，法の継受に関する理由 —— 明治時代，日本が現代に通じ
る近代的な法制度を形づくろうとした際，ドイツの法制度を多々参考にしたと
いう経緯 —— が存在する。法に関わる者であれば誰もが知っている，もはや常
識とでも言える知識であり，あえて述べるまでもない理由であるかもしれない。
ともあれ，それが法の視点から見た場合の理由である。

　もっとも，そのことだけで，今回，ドイツを比較対象としたのではない。ド
イツの制度を継受したという事象は，法の世界だけではなく，医学・医療・薬
学の世界においても同様にあったからである。日本が明治時代に近代化を目指
した際，医の領域においても，ドイツ医学を日本の医学の中心として取り入れ
ることを決定したのが，約150年前の1870年のことになる。その後，日本の医
学・医療・薬学は，法律学同様，ドイツの大きな影響を受けて形づくられてき
たという経緯もあったのである[7]。

　このように，法と医，どちらの視点からもドイツでなければならない必然性

---

7) E. クラース = 比企能樹編『日独医学交流の300年』（シュプリンガー・フェアラーク，
　1992年）参照。

があるのである。

Ⅲ. 空白期間の補正

かつて，法律家を主体とした日独の薬事制度に関する比較が行われ，その関連書籍が出版されたことがあった —— 今から約40年前のことである[8]。約40年の間に，日独双方とも取り巻く社会状況が劇的な変化を遂げている。しかしながら，制度比較の作業は，この40年の間に進められてきたという様子は，杳として知れない。本書は，この空白期間を補正するというところにも目的を置いている。これが本書が掲げている第3の目的である。

C. 本書の協力機関

本書と，その元となっている国際シンポジウムは，多くの組織の協力により成立している。ここでは，明治大学以外の協力機関について簡単な紹介をしておくことにする。

【メルク (Merck KGaA)】

世界有数のサイエンスとテクノロジーの企業であるMerck（メルク）は，ヘルスケア，ライフサイエンス，パフォーマンスマテリアルズの3つのビジネスをグローバルに展開している。

創業は1668年。フリードリッヒ・ヤコブ・メルクが，ドイツ・フランクフルト近郊のダルムシュタッドで小さな町の薬局の経営権を取得したのが発祥である。2018年，創業350年を迎えた世界で最も長い歴史を持つ医薬・化学品メー

8）1978年4月7日・8日の両日にわたり大阪ドイツ文化センターが大阪科学技術センターにおいて開催した「日独医薬品問題シンポジウム」の内容は，後年出版された報告書（北川善太郎＝ペーター・バドゥーラ編『日独シンポジウム報告書 医薬品問題と消費者』〔日本評論社，1979年〕）の存在により確認することができる。

カーである。

　1827年にはエマニュエル・メルクがモルヒネその他アルカイド類の大量精製を開始し，薬局から研究型企業へと転換した。早くから国際市場に進出し，1900年までに事業を全大陸に拡大するに至った。しかし，第1次世界大戦においてドイツが敗戦国となったことから，1917年，敗戦国企業であったメルクの米国子会社は，アメリカ合衆国政府に接収されることになった。これが現在のアメリカ・メルクである。

　現在，ドイツ・メルクとアメリカ・メルクは，資本，経営や事業等が完全に分かれ，それぞれ独立した企業体として活動をしている。メルクの名称およびブランドのグローバルな権利はメルクが保有しており，日本では，ドイツ・メルクは「メルク」，アメリカ・メルクは「MSD」という名称で事業を行っている。

　ドイツ・メルク本社製品の輸入・販売を主な目的とする日本法人としてメルク株式会社は1968年に設立され，2017年に50周年を迎えた。

　現在，日本におけるメルクグループは，液晶材料などのディスプレイ用材料やパール顔料，IC材料を提供するパフォーマンスマテリアルズ・ビジネス，バイオサイエンス基礎研究から創薬，医薬品製造等のライフサイエンス分野に関わる製品・サービスを手がけるライフサイエンス・ビジネス，癌や不妊治療領域の医療用医薬品を扱うヘルスケア・ビジネスを展開している[9]。

【塩野義製薬株式会社】

　創業は1878年。塩野義三郎が，大阪・道修町にて薬種問屋「塩野義三郎商店」を開くところから塩野義製薬の歴史が始まる。

　創業当初は和漢薬専門であったが，明治維新後の西洋医学普及にともない，洋薬の需要が高まったことから，1886年，和漢薬専門から洋薬のみを取り扱う

9）　メルク株式会社については，ウェブサイト（日本語：https://www.merckgroup.com/jp-ja〔2020年1月31日アクセス〕），および吉森賢『世界の医薬品産業』（東京大学出版会，2007年）などを参照されたい。

方針へと切り替える。1909年には，自家新薬第1号として健胃制酸薬である「アンタチヂン」を製造販売を開始。1911年には，1909年にドイツで開発された梅毒治療薬である「サルバルサン」を輸入販売する。またドイツ・バイエル社の代表的薬品として知られるアスピリンのライセンスを得て，「シオノアスピリン錠」として，国内で製造販売するなどしていたこともある。

その後，抗菌薬の研究を集中的に行い，医療用医薬品市場において，抗生物質全盛時代を迎えた1980年代後半にかけて，日本における抗生物質で売上高首位を記録する。主力となったのは，1960年代に新たに開発されたセファロスポリン系抗生物質である。

医療用医薬品市場の重点疾患領域としては，感染症領域，がん性疼痛緩和領域，そして循環器領域を主力とし，1989年には「WHO方式がん疼痛治療法」で必要なモルヒネ徐放錠であるMSコンチン錠を発売。2003年にはオキシコンチン錠，2007年にはオキノーム散を発売し，がん性疼痛緩和のパイオニア企業となる。

現在，取り扱う医薬品の97％が医療用医薬品で占めている。主力は，高脂血症治療薬・抗生物質・がん性の疼痛治療薬と共に，自社創薬としての坑エイズ薬ドルテグラビルの開発販売が成功し今に至っている。

【日本製薬工業協会】

日本製薬工業協会は，研究開発志向型の製薬企業73社が加盟する任意団体である。1968年に設立された製薬協は「患者参加型医療の実現」をモットーとして，医療用医薬品を対象とした画期的な新薬の開発を通じて，世界の医療に貢献してきた。

日本製薬工業協会では，製薬産業に共通する諸問題の解決や医薬品に対する理解を深めるための活動，国際的な連携など多面的な事業を展開している。また政策提言と提言活動の強化，国際化への対応，広報体制の強化を通じて，製薬産業の健全な発展に取り組んでいる。

【アウクスブルク大学バイオ・衛生・医事法研究所（Universität Augsburg INSTI-TUT FÜR BIO-, GESUNDHEITS- UND MEDIZINRECHT (IBGM)）】

　ドイツ連邦共和国バイエルン州南西部に位置するアウクスブルク市にあるアウクスブルク大学は，1970年に創立された州立の総合大学である。法学部・医学部・神学部など8つの学部から構成され，その法学部附属の機関として設置されているのが「バイオ・衛生・医事法研究所」(IBGM) である。

　IBGMは，バイオテクノロジーやヘルスケア，医学・医療に関する問題を学際的に取り扱う研究・教育の拠点として活動を展開している。

　なお，2017年に締結された明治大学法学部・大学院法学研究科・法科大学院とアウクスブルク大学法学部との間で研究および学術教育に関する相互協定を背景として，本書および国際シンポジウムが企画されたことを，ここに記しておきたい。

第1部
医薬品・医療機器に関する制度概要

ドイツにおける医薬品・医療機器に関する法規制システムの制度概要

ウルリッヒ・M・ガスナー　　（上野純也 訳）

A. 全世界的な規制の対象としての医薬品・医療機器

　医薬品及び医療機器に関するドイツの規制システムは，それだけを孤立させて考えることはできない。なぜならば，これから取り上げるような広範なヨーロッパ化だけでなく，国際法上の影響までもがもたらされるからである。

　医薬品に関するこの影響は，医薬品規制調和国際会議［訳者註・International Council for Harmonisation of Technical Requirements for Pharmaceuticals for Human Use, ICH］に起因するものである。ICHは1990年に，米国の食品医薬品局［訳者註・Food and Drug Administration, FDA］，欧州委員会［訳者註・European Commission, EC］及び日本の厚生労働省［訳者註・Ministry of Health, Labour and Welfare, MHLW］，並びに医薬品の製造団体である米国研究製薬工業協会［訳者註・Pharmaceutical Research and Manufacturers of America, PhRMA］，欧州製薬団体連合会［訳者註・European Federation of Pharmaceutical Industries and Associations, EFPIA］及び日本製薬工業協会［訳者註・Japan Pharmaceutical Manufacturers Association, JPMA］によって創設された。ICHの目標は，ヨーロッパ・アメリカ及び日本における医薬品許認可の基礎としてのヒト用医薬品に関する判定基準を調和することである[1]。例えば，許認可文書の提出についての統一的フォーマット［訳

15

者註・国際共通化資料：Common Technical Document］は，重大な実務上の意義を
持っている。

　医療機器については，パラレルな調整機構が存在している。すなわち，国際
医療機器規制当局フォーラム［訳者註・International Medical Device Regulators Fo-
rum，IMDRF］である。IMDRFは政府の枠を越えたネットワークに特徴づけら
れ，――法的には拘束力を持たないが――数多くの手引き，例えば医療用スタ
ンドアローン・ソフトウェアの判定書などを公表していて[2]，その手引きは，尊
重義務を越えて直接的に受け入れられているか，国際法上の条約によって間接
的に国内及びヨーロッパの医療機器法に受け入れられている[3]。

　ドイツ医薬品・医療機器法も，ヨーロッパにおける医薬品・医療機器法も，
例えば，医薬品の安全性及び医療機器の等級分類に関する要請のように[4]，ICH
及びIMDRFの定める基準に沿うようになっている。

　医薬品法と同様，医療機器法も，高度な伝統的法規の代わりに，択一的な統
制概念[5]として共同規制，共同管理，並びに，自己規制を援用している。もちろ
ん，この概念は，例えば民主主義原則と同様に，基本法上の準則とも比較され

---

1) Vgl. *Gassner*, Ebenen und Verfahren der Arzneimittelregulierung, in: Albers (Hrsg.),
Risikoregulierung im Bio-, Gesundheits- und Medizinrecht, 2011, S.155 (156 f.).

2) Vgl. *Gassner*, MedTech meets M-Health, MPR 2015, S.73 (74).

3) Hierzu ausführlich *Gassner*, Internationale regulatorische Zusammenarbeit durch
transgouvernementale Netzwerke – das Beispiel des International Medical Device
Regulators Forum (IMDRF), in: Lorenzmeier/Folz (Hrsg.), Recht und Realität. Fest-
schrift für Christoph Vedder, 2017, S.420 ff.

4) *Gassner*, Internationale regulatorische Zusammenarbeit durch transgouvernementa-
le Netzwerke – das Beispiel des International Medical Device Regulators Forum
(IMDRF), in: Lorenzmeier/Folz (Hrsg.), Recht und Realität. Festschrift für Christoph
Vedder, 2017, S.420 (430 ff.).

5) Vgl. *Gassner*, Gesundheitsschutz durch Produktnormung, in: Möllers (Hrsg.), Stan-
dardisierung durch Markt und Recht, 2008, S.73 (83 f.).

ることになるであろう[6]。

B. 医薬品法

I. 制定の経緯

　ドイツにおける初の医薬品法上の規制は1240年を端緒としている。すなわち，サレルノの勅令［訳者註・Medizinaledikt von Salerno］の発布によってフリードリヒ2世は，治療行為と医薬品の製造を区別すると定めたのである。14世紀以降，ドイツでは地域によって様々な薬局規則が生み出され，これらの中には医薬品の販売についての初の法規定が含まれていた。医薬品についての法準則は，15世紀に初となる医薬品価格表（Preislisten）によって補完された。1533年には，毒物に関するドイツ帝国全土に通用する初の規則（「カロリナ刑事法典：Constitutio Criminalis Carolina」）が制定され，1546年には，ニュルンベルク市の初の公的薬局方（「ヴァレリウス・コルドゥス：Valerius Cordes」による薬局方）が創り出された。その後，1872年に全ドイツでの初の薬局方（「ドイツ薬局方：Pharmacopoea Germanica」）が諸州の薬局方に代置され，それにより，医薬品製造の全土での統一的な品質が保証されることになった。さらに，1872年の「医薬品の流通に関する規則［訳者註・Verordnung betreffend den Verkehr mit Arzneimitteln］」は，医薬品が薬局でのみ入手可能とされるべきか否か，という問題を解決した。この規則は1901年10月22日の「医薬品の流通に関する皇帝令［訳者註・Kaiseriche Verordnung über den Verkehr mit Arzneimitteln］」に置き換えられている[7]。とりわけこの皇帝令は，「有害で，再検証のできない薬物から人々を……保護する」

---

6) Hierzu eingehend *Gassner*, Internationalisierung des Vollzugs von Standards unter Konstitutionalisierungsprimat, in: Möllers (Hrsg.), Internationalisierung von Standards, 2011, S.213 ff.

7) Vgl. zu ihr und der weiteren Entwicklung auch *Fuhrmann/Fleischfresser*, in: Fuhrmann/Klein/Fleischfresser, Arzneimittelrecht, 2. Auflage 2014, §1 Rn.1 ff.

としている。そしてこの皇帝令は，薬局でのみ購入することができる医薬品をリストにして定めており，1960年まで適用されていた。これに反し，麻酔剤の流通は1929年のアヘン法［訳者註・Opiumgesetz］によってすでに規制されていた。1941年の医薬品流通に関する規則は初めて，処方箋の必要な医薬品は薬局のみで購入ができる，と定めた。1943年の医薬製品の製造に関する規則が定められたのち，新薬の製造が禁止され，例外的な許可がある場合にのみ認められるようになった。この規則は，人又は動物の疾病，病苦，身体障害ないし苦痛を予防し，緩和し，若しくは除去するために指定された製造物を，医薬品としている。1950年代には全てあわせると，極めて多種多様な法規則が併存していたのである。

　これらの規制は非常に不備の多いものであった。とりわけ，かつては医薬品製造が薬局から産業にまで延長されるとは考えられていなかった点で，規制の不備があった。この不十分な状況が，1961年8月1日に成立し，ドイツにおいて医薬品の製造及び市場流通のための諸規定を連邦内で統一的に初めて定めた，医薬品法（Arzneimittelgesetz, AMG）の公布へと至った。とりわけ，薬剤の製造者に対する製造許認可の要請，及び医薬品監視の基盤としての医薬品に対する登録義務が導入されることになったのである[8]。

　しかし70年代初頭では，国際社会における医薬品制度の動的な発展，並びに，医薬品に対する法・行政規則の調和のための会議のガイドライン（65/65/EWG指令，さらにこれを代替する2001/83/EG指令，いわゆるヒト用医薬品コーデクス）をはじめとする，EU内（当初はまだ欧州経済領域であった）の医薬品の許認可及び市場流通に関する規則の統一化のためには，医薬品法の基本的な改訂が依然として必要であった。これは，1976年9月1日に発効し，現在でも有効でありながらその後たびたび改正された，医薬品法の基礎となる医薬品法再編法［訳者註・

8）Vgl. hierzu und zum Folgenden *Gassner*, Die Europäisierung des Arzneimittel-rechts, in: Bottke/Möllers/Schmidt (Hrsg.), Recht in Europa. Festgabe zum 30-jähri-gen Bestehen der Juristischen Fakultät Augsburg, 2003, S.113 ff.

AMNOG］において形となった。1976年の医薬品法再編法によって本格的に盛り込まれた革新は，従来的な医薬品の単なる登録義務から許認可義務への転換であった。すなわち，それまでは医薬品を流通させるために，単に医薬品を登録する以上のことは要求されなかった。しかしその後は，許認可手続において，医薬品の品質，有効性及び安全性が証明されなければならなくなったのである。

1961年の医薬品法並びに1976年医薬品法再編法は，有効な医薬品の監督のための基礎を作り上げるという目標を第一に掲げていたので，その後の医薬品法の改正は，主としてEU法的な基準への転換に資するものであった。医薬品法の調和は，許認可標準を統一化するだけにとどまらず，自ずと，医薬品の許認可及び監督をドイツ国内の許認可当局からEUの諸機関にまで延長することにもつながったのである。ドイツ医薬品法［訳者註・Arzneimittelrecht］は今では大幅にヨーロッパ化されている。これは，周辺領域，例えば医薬品の広告などについても言えることである。

制度上明白であるのは，欧州医薬品庁［訳者註・European Medicines Agency, EMA］における調和と集中化である。欧州医薬品庁は1995年2月にその活動をはじめ，イギリスのEU離脱にともない，アムステルダム（オランダ）に新たに設置されている。欧州医薬品庁の内部では，医薬品に関する評価及び監督に関する本来的な任務が7つの委員会によって引き受けられている。これらの委員会は，EU加盟国及びEU提携諸国，つまりアイスランド，リヒテンシュタインとノルウェーの代表によって構成されている。委員会構成員は通常，国内の医薬品当局における高い地位の従事者である[9]。委員会の任務は，約3,700人の学者のネットワークに支えられている。欧州医薬品庁における重要な委員会としては，ヒト用医薬品委員会［訳者註・Committee for Medicinal Products for Human Use, CHMP］がある。

9）Vgl. *Gassner*, Ebenen und Verfahren der Arzneimittelregulierung, in: Albers (Hrsg.), Risikoregulierung im Bio-, Gesundheits- und Medizinrecht, 2011, S. 155 (158).

Ⅱ. 規制のアプローチ

医薬品法の3つの本来的な機能は，以下のように分けられる。すなわち，

- 第1に，医薬品法は医薬品の安全性を保証し，患者を起こりうる害から保護することになる。この予防原理（Vorsorgeprinzip）は医薬品法のもっとも重要な任務である。
- 第2に，規律にしたがった医薬品の供給が確保されることになる（いわゆる供給原理）。
- 第3に，医薬品法は新たな疾病の調査・研究についても規定することになる（いわゆる研究原理）。

Ⅲ. 実際の適用範囲

1. 二元的な医薬品概念

医薬品概念というものは二元的なものである。つまり，医薬品については2つの法的な定義が存在する。そのような定義によれば，表示医薬品と機能医薬品に区別することができる。

表示医薬品は人若しくは動物の体内若しくは体外に対して用いることが定められ，人若しくは動物の疾病若しくは疾病による苦痛を治療若しくは緩和し，又は予防するための特性を持った薬物と表示されている原料若しくはその調合物のことである。

この定義の意義は消費者保護にある。消費者は，有害あるいは有毒な医薬品から保護されるだけではなく，当該医薬品の代わりに用いられる製品からも保護される。つまり，標準的に知識を持つ消費者であれば，その見た目からするとある治療効果をもつ，という印象を生じさせるような製品も，この保護の対象に含まれるとされる。製品の見た目については，以下のような基準がある[10]。

---

10) *Gassner*, Die Europäisierung des Arzneimittelrechts, in: Bottke/Möllers/Schmidt (Hrsg.), Recht in Europa. Festgabe zum 30-jährigen Bestehen der Juristischen Fakul-

すなわち，

- 製品の名称
- 外的な剤形（錠剤，カプセルなど）
- パッケージ上の表示
- 添付文書
- 公開されている製造者や販売者に関する情報（例えばウェブサイト上など）

である。それゆえ単なるビタミン製品が急性のがんの発病を治療するために求められた場合，単に栄養補助剤であるにも関わらず，表示医薬品と分類される。

　それでは，機能的に決定される医薬品概念の2つめに触れることとしよう。

　機能医薬品は，薬理学的，免疫学的若しくは代謝上の作用により生理学的機能を修復し，矯正し，若しくは影響を与える目的又は医学上の診断を作成する目的のいずれかによって，人若しくは動物の体内若しくは体外に用いられ，又は人に投与されうる原料及びその調合物，と定義されている。ある製品がこの定義に含まれるかどうかを決定するにあたっては，とりわけ以下のような要件が考慮されることになる。すなわち，

- 薬品の組成
- 薬品の薬理学的特徴
- 薬品の使用方法
- 薬品の普及範囲
- 消費者における薬品の知名度
- 薬品を使用することで生じる可能性のあるリスク

---

tät Augsburg, 2003, S.113 (119 ff.).

である。その作用の可能性という意味での原料の薬理学的特徴は，医薬品として分類するためのもっとも重要な基準である。これには鍵・鍵穴原理（Schlüssle-Schloss-Prinzip）が妥当する。しかしながら，解明されていない実体である分子と人の細胞構成要素との相互作用は，欧州裁判所（Der Europäischen Gerichtshof, EuGH）の見解にしたがえば，ある実体が薬理学的特徴を持っているかとの推定に関する要件ではない。なぜならば，薬品の使用者の生体に存在する，他の細胞構成体及びバクテリア，ウイルス若しくは寄生虫による相互作用は，人の生理学的機能が修復され，矯正され若しくは影響を与えられることになるからである。これには，欧州裁判所の決定のように，例えばクロルヘキシジンという作用物質が含まれるマウスウォッシュにも妥当する。

　それに加えて，ドイツの医薬品法には「既成医薬品」のカテゴリーがある。既成医薬品は，あらかじめ製造され消費者への販売を目的とした包装で新しく流通された医薬品か，あるいは，その調合の際に他の形で企業的手法が用いられた消費者への販売を目的とした医薬品，または，薬局以外で業として生産された医薬品である。既成医薬品としての地位は，例えば許認可義務または価格形成に関する準則の際に，調整として引き合いに出されている。もちろん，より一層薬品が個人化され薬物治療がオーダーメイド化された時代においては既成医薬品の意義を取り上げることから始めるべきであろう[11]。

2.　区別問題

　食料品[12]，タバコ製品，化粧品，殺生物剤，衛生用品，化学製品，医療機器及び臓器などは，医薬品が人による受け取り方を変えるよう定められていない以上，医薬品ではない。ここで，区別するための複雑な問題が生じる。製品の作用方法や製品の目的設定が決定的となる，というのは疑わしいことである。最近でいえば，欧州委員会によって刊行されたマニュアル，例えば「化粧品規則（EG

11）Hierzu schon *Gassner*, Abschied vom Fertigarzneimittel, PharmR 2003, S. 40 ff.

12）Vgl. *Gassner*, Aktuelle Rechtsprechung des Europäischen Gerichtshofs zur Abgrenzung von Lebens- und Arzneimitteln, in: Marauhn/Ruppel (Hrsg.), Vom Arzneimittel zum Lebensmittel?, 2009, S. 73 ff.

Nr. 1223/2009，2条1項a号の適用範囲に関するマニュアル［訳者註・Manual on the Scope of the Cosmetics Regulation (EC) No 1223/2009]」といったものを取り上げることができるであろう。医薬品と食料品との間で具体的に区別されているのは，例えば，2007年11月15日の欧州司法裁判所の判決（Az. C- 319/05）であり，それによれば，ニンニクを自然な状態で食べるのと比べ，服用はそれ以上の効果を与えないのであるから，ニンニクエキスの粉末配合カプセルは医薬品ではないことになる[13]。

Ⅳ. 市場前コントロール

1. 手続き

a）許認可

市場流通のための許認可は市場前コントロールにとって中心的なものである。ドイツ行政法の専門用語では，認可留保付き予防的禁止［訳者註・ein präventives Verbot mit Erlaubnisvorbehalt]が問題となる。許可がなければ医薬品が販売されてはならないのである。

許認可手続は，行政連合内でのドイツ法及びEU法の協力関係の知名な一例である[14]。2001/83/EG指令及びそれに並ぶ現行の規則（EG）Nr. 726/2004は，3つの手続きを設けている。すなわち，中央審査手続（Centralised Procedure, CP），分散承認方式（Decentralised Procedure, DCP）並びに相互認証方式（Mutual Recognition Procedure, MRP）の3つである[15]。これらの手続きの全てについて欧州薬品庁が関与している。

13）*Gassner*, Knoblauch klärt den Geist – Anmerkung zur Entscheidung des EuGH vom 15.11.2007, StoffR 2008, S.41 ff.

14）Vgl. dazu kritisch *Gassner*, Europäisches Arzneimittelverwaltungsverfahrensrecht – Praxisdefizite und Reformoptionen PharmR 2019, S.209 ff., 273 ff.

15）Siehe hierzu auch ausführlich *Gassner*, Ebenen und Verfahren der Arzneimittelregulierung, in: Albers (Hrsg.), Risikoregulierung im Bio-, Gesundheits- und Medizinrecht, 2011, S.155 (162 f.).

許認可の中央審査手続は以下のようなヒト用医薬品に義務付けられている。すなわち，

- 一定のバイオテクノロジー手法を用いて製造される医薬品
- 新たな治療方法のための医薬品
- 新たな作用物質を含む医薬品であって，この作用物質が，まだ流通しておらず，且つ次のような疾患の処置に用いられるもの。すなわち，後天性免疫不全症候群，がん，神経変性疾患，糖尿病，自己免疫疾患若しくは他の免疫不全症，ウイルス感染症など
- 珍しい病気に用いられる医薬品（いわゆるOrphan Drugs：希少疾病用医薬品）

である。

　新種の治療法のための医薬品（先端医療医薬品，いわゆるATMP）に属するのは，遺伝子治療薬［訳者註・Gentherapeutika］，体細胞治療薬［訳者註・somatische Zelltherapeutika］，組織加工製品［訳者註・biotechnologisch bearbeitete Gewebeprodukte］，及び，これら製品の組み合わせである。その医薬品は規則（EG）Nr. 1394/2007に基づき基本的に中央審査手続で検討され，その際，特別な専門委員会（先進治療委員会Committee for Advanced Therapy Medicinal Products）が関与しなければならず，その態度決定はヒト用医薬品に関する委員会（ヒト用医薬品委員会，Committee for Medicinal Products for Human Use）を通じて，推薦という形で欧州委員会の許認可判断に受け入れられる。さらに，国内の段階における例外として，（いわゆる病院例外で）ATMPについて許可が与えられる。医薬品が個人の製造及び使用につき問題となる場合，例外の事例での許認可ないし許可義務は失われる[16]。

　さらに申請者は任意に，以下の医薬品について中央審査手続による許認可を

16）Vgl. *Gassner*, Regenerative Medizin auf der Regulierungsagenda, StoffR 2005, S.120 (122 ff.).

受けることができる。すなわち，

- 2004年5月20日の時点で流通していない新たな作用物質を含む医薬品
- 当該医薬品が，治療的，学術的若しくは技術的観点から重要な革新をもたらすこと，又は規則（EG）Nr. 726/2004によって許認可を受けることで，共同体レベルで患者の利益になることを，申請者が証明する医薬品

である。

　欧州委員会は医薬品の許認可に関する決定については形式的に権限を有するが，ほとんど常に欧州委薬品庁の見解に従っている。欧州委薬品庁内部での意見形成は，加盟諸国の専門家に代表される委員会によって決定されることになる[17]。

　中央審査手続（CP）が義務付けられていない場合，その他に，EU内部において加盟国の複数国における国内の許認可を受けることができる，以下のような2つの手続が可能である。すなわち，

- 分散承認手続（DCP）
- 相互認証手続（MRP）

の2つである。

　この2つの手続きによる場合は原則として，1つの加盟国が手続を主導する国（Reference Member State, RMS：レファレンス加盟国）と定められる。相互認証手続の場合，レファレンス加盟国には医薬品がすでに許認可されている加盟国がなることになる。このレファレンス加盟国には，手続運用を管理するに際して，製薬企業によって提示された医薬品に関する書類を元に，医薬品の有効性，

17）*Gassner*, Ebenen und Verfahren der Arzneimittelregulierung, in: Albers (Hrsg.), Risikoregulierung im Bio-, Gesundheits- und Medizinrecht, 2011, S.155 (158).

安全性及び品質に関する標本（Präparat）を記述し，並びにそれを批判的に評価する評価報告（Assesment Report, AR）を作成することが義務付けられる。この評価報告は，全ての国に対して同一の書類及びその他の基礎資料によって，関連加盟国（Concerned Member State, CMS）に共通してレファレンス加盟国から提供されることになる。一連で90日に及ぶ手続きの間，関連加盟国はレファレンス加盟国及び製薬企業との協議の上で，公開の質問や批判点を明らかにすることができる。

　特定の医薬品及び特定の医薬品の名宛人については，特別で最も簡略化された許認可手続が存在する。例えば，珍しい病気に用いられる医薬品（いわゆるOrphan Drugs：希少疾病用医薬品）若しくはジェネリック医薬品に関する医薬品の許認可におけるものである。バイオシミラー，すなわち，バイオ医薬品，すでに許認可された生物学上先行認可薬に類似している医薬品については，ジェネリック医薬品の許認可と比べて，医薬品の成分及び製造の異質性に基づく，その都度個々の場合に関して定められる追加の証明及び研究が必要となる[18]。バイオ薬学上，以下の4つの医薬品グループが認識されている。すなわち，免疫学上の医薬品，人の血液及び血漿から得られた医薬品，新種の治療法についての医薬品，及び，バイオテクノロジーの方法で製造された医薬品というものである[19]。小児用医薬品の許認可手続も，とりわけ規制されている。2007年に，PUMA手続（小児用途販売承認），すなわち，成人に対してはすでに許認可された医薬品を小児科で使用することについての認可，が導入された[20]。

　この手続きの際には，国内のみにおける許認可を得ることができる。それゆ

18）*Ambrosius*, in: Fuhrmann/Klein/Fleischfresser, Arzneimittelrecht, 2. Auflage 2014, §6 Rn.223 ff.; *Gassner*, Biogenerikazulassung in der Kampfzone, StoffR 2004, S.246 (251 ff.).

19）*Ambrosius*, in: Fuhrmann/Klein/Fleischfresser, Arzneimittelrecht, 2. Auflage 2014, §6 Rn.224; *Gassner*, Biogenerikazulassung in der Kampfzone, StoffR 2004, S.246 (248).

20）Vgl. hierzu *Gassner*, PUMA ante portas – Kinderarzneimittel vor der Regulierung, PharmR 2004, S.436 ff.

え，ある医薬品が独占的にドイツ国内での販売を認可されることもありうる。これに関しては連邦医薬品医療機器研究所（das Bundesinstitut für Arzneimittel und Medizinprodukte, BfArM），あるいは——ワクチン及び生体臨床医学医薬品については——パウル・エーリヒ機関（Paul-Ehrlich-Institut, PEI）が決定することになる[21]。もっとも，国内のみにおける手続は，製造者にとって魅力が失われているので型落ちのモデルとなっている[22]。

b）製造

医薬品の工業製造は，更なる官庁当局の認可を必要とする。製造認可は，人的要件と営業上の要件の充足に紐付けられている。製造の概念は非常に広く理解されており，医薬品の入手，作成，調合，処理及び加工，別の容器への詰め替え，小分け包装，表示並びにリリースを含むものである。例として，大麻を単に栽培するだけでは製造とはならないが，なるほど，植物を収穫することは入手の類型にあたり，製造の一部となる。例外的に，認可が不要になることがある。例えば，特定の組織について製造物に関する認可義務の例外があり，なかには，（処方箋医薬品，欠陥医薬品の場合の）薬局及び病院について人に関する例外もある。

製造については医薬品等適正製造基準（Good Manufacturing Practice, GMP）という国際標準が用いられている。医薬品等適正製造基準の適用は，ドイツ内では医薬品並びに作用物質製造規則（AMWHV）によって定められており，この規則はEUの医薬品等適正製造基準の指導原理を言い換えている。医薬品並びに作用物質製造規則は，品質管理制度の創設・維持，資料整備を製造者に義務付けており，企業領域，従業員，衛生措置，及び貯蔵の要請を含むものである[23]。

21）*Gassner*, Ebenen und Verfahren der Arzneimittelregulierung, in: Albers (Hrsg.), Risikoregulierung im Bio-, Gesundheits-, und Medizinrecht, 2011, S.155 (159 f.).

22）*Gassner*, Ebenen und Verfahren der Arzneimittelregulierung, in: Albers (Hrsg.), Risikoregulierung im Bio-, Gesundheits-, und Medizinrecht, 2011, S.155 (163).

23）Hierzu *Krüger*, in: Fuhrmann/Klein/Fleischfresser, Arzneimittelrecht, 2. Auflage 2014, §15 Rn.5 ff.

それに加えて，製造者自身が点検しなければならず，供給判断に関する義務を有する[24]。

2. 医薬品3項目

医薬品の許認可に関する決定は，製造者が製造物の品質，有効性及び安全性を許認可当局に証明した場合にのみ，肯定される。

医薬品の製薬上の品質は，成分の種類及び量に従った医薬品の構成のことである。医薬品法は品質について，同一性，含有物，純度，その他の化学的，物理学的，生物学的特徴，並びに製造過程によって決められる医薬品の性質であると定義している。許認可を得るためには，医薬品が薬学的に認められたルールに応じた品質を示すことが必要になる。このルールはとりわけ，薬局方（Pharmakopöen）に記載されている。提出された資料は医薬品の構成に関する事項のみには限られない。製造過程全体，原材料，中間生産物及び完成品のコントロール並びに実施された使用期限研究は詳細に文書化されることになる。

医薬品の有効性は予定された使用範囲で望まれる効果の総和である。許認可を受けるためには，対象とされる適応症への医薬品の適正な有効性が要求される。そこではあらゆる患者について有効に作用することの保証ではなく，医薬品によって治療効果が得られうるという予測が得られることになる。この有効性は臨床研究において証明されなければならない。

安全性[25]の観点の下では，初めに，医薬品によって害が生じる可能性について判断されなければならない。安全性の概念は長きに渡って，ドイツにおける医薬品法の中で用いられてきている。医薬品法によると，疑わしい（つまり安全でない）とされるのは，その時代ごとの学術的知識状況にしたがって，その医薬品が用法通りに使用された場合に医学上の認識によって是認できる基準（いわ

24）Vgl. *Krüger*, in: Fuhrmann/Klein/Fleischfresser, Arzneimittelrecht, 2. Auflage 2014, §15 Rn.20 ff.

25）Vgl. dazu ausführlich *Gassner*, Ebenen und Verfahren der Arzneimittelregulierung, in: Albers (Hrsg.), Risikoregulierung im Bio-, Gesundheits- und Medizinrecht, 2011, S.155 (166 ff.).

ゆる，是認可能基準）を超える有害作用をもつ，といった根拠のある疑いのある医薬品である。真摯に考慮されるべき認識あるいは経験によって一定の侵害の蓋然性が示される場合に，侵害能力についての根拠のある疑いが認められる[26]。その際，侵害作用は，それが医薬品から即座に引き起こされたか，後遺症として初めて引き起こされたかは別として，健康に不利益な影響を及ぼし，その限りでは病気に値する，測定可能な目立った，さらには一義的に認識可能な，人の身体の肉体的反応あるいは心理的反応の全てを含んでいる。それに加えて，侵害作用は何らの重大性の閾値に至る必要もない[27]。もっとも，製造者及び使用者の危険ないし答責領域を互いから効果的に区別するために，医薬品の規定通りの使用によって生じる侵害作用のみが考慮される必要がある[28]。どのような副作用であれば許容されるかについて，絶対的な基準は存在しない。非安全性は，治療しようとする疾患の重さを考慮しながら判断されなければならない。したがって，時に医薬品の安全性の判断に際しては，有効性も考慮に入れられる。安全であるということは，害が全くないということ（Unschädlichkeit）ではない。全く副作用を持たない医薬品の場合は，それが治療上の有効性を全く持たないということが容易に推定されることになる。医薬品の安全性は，非臨床研究・臨床研究において証明されなくてはならない。非臨床研究は適正な体外（In-Vitro）実験及び動物実験によって行われる包括的毒性試験を含む。臨床研究においては全ての副作用と重大且つ望まれない結果が参加者によって綿密に文書化され，分析・評価されることになる。

　医薬品許認可に関する決定にとって中心的な意義は，ベネフィット－リスク関係がもっている。医薬品のベネフィット－リスク関係とは，一方では処置する際

26）Ausführlich zum begründeten Verdacht *Fuhrmann*, in: Fuhrmann/Klein/Fleischfresser, Arzneimittelrecht, §10 Rn. 203 ff.

27）*Fuhrmann*, in: Fuhrmann/Klein/Fleischfresser, Arzneimittelrecht, 2. Auflage 2014, §10 Rn. 182 ff.

28）*Fuhrmann*, in: Fuhrmann/Klein/Fleischfresser, Arzneimittelrecht, 2. Auflage 2014, §10 Rn. 192 ff.

の有効性と，他方で医薬品の品質，安全性若しくは有効性との関係で患者の健康あるいは公衆衛生について生じうるあらゆるリスクとの関係性のことである。ベネフィット−リスク関係の概念は，患者に対するリスクのみならず公共の保健や環境についても考慮されることになるので，安全性の概念よりもより広いものとなる。2つの危険性限界，すなわち，絶対的危険性及び相対的危険性は区別されるべきである。ベネフィット−リスクバランスがマイナスとなる場合，医薬品は絶対的に危険である。ベネフィット−リスク分析の結果が市場から入手可能な，同じ適応症分野で認められている他の製造物と関連付けられる場合，及び，治療結果に関して危険がより少ない医薬品が可能であると確認される場合，問題となる医薬品は相対的に危険であり，したがって，認めることができない[29]。この関係については一般的に承認された基準がない。個別事例での判断が常に必要とされているのである。

3. 臨床試験

有効性及び安全性の証明に必要とされるデータは，先ほどすでに言及したように，臨床試験によって作成される。臨床試験はこれまで，「医薬品の安全性ないし有効性を確認する目的をもって，医薬品の臨床的若しくは薬学的作用を調査ないし証明すること，副作用を立証すること，その吸収，分散，代謝若しくは排泄を検査することを定められた，人に対して行われるあらゆる試験である」と理解されてきた。規則（EU）Nr. 536/2014 は，「臨床研究」と「臨床試験」との区別を予定していた[30]。それによれば「臨床研究」とは，当該医薬品の安全性及び有効性の全てあるいはその1つを立証する目的をもって，以下の事項を行うよう定められた，人に対して行われるあらゆる検査を指す。すなわち，

---

29) *Fuhrmann*, in: Fuhrmann/Klein/Fleischfresser, Arzneimittelrecht, 2. Auflage 2014, §10 Rn.220 ff.; *Gassner*, Ebenen und Verfahren der Arzneimittelregulierung, in: Albers (Hrsg.), Risikoregulierung im Bio-, Gesundheits- und Medizinrecht, 2011 S.155 (169).

30) Vgl. dazu und zum Folgenden *Mende/Frech/Riedel*, Grundzüge der EU-Verordnung 536/2014, Bundesgesundheitsbl. 2017, S.795 ff.

- 1つ又は複数の医薬品の臨床的，薬学的，若しくは薬力学的作用を調査ないし立証すること
- 1つ又は複数の医薬品のあらゆる副作用を立証すること

あるいは

- 1つ又は複数の医薬品の吸収，分散，代謝若しくは排泄を検査すること

が定められている研究のことを言うのである。

　この臨床研究は加えて，少なくとも以下の基準の内1つが満たされる場合に，臨床試験とみなされる。すなわち，

- 試験の関与者が，当該加盟国の通常の臨床の運用とは適合しない，一定の処置戦略を事前に割り当てられていること
- 試験製剤を作製する決定が，試験関与者を臨床研究に組み入れる決定と同時になされること

あるいは

- 試験関与者らに対して，通常の臨床実践を超える診断手続ないしは監督手続が用いられること

である。これらの基準が1つも満たされないのであれば，臨床研究は規則（EU）Nr. 536/2014に該当する非介入研究と分類されることになる。

　臨床試験の新たな特殊類型として分類されるのが最小介入臨床試験である。これについては，臨床試験が以下の基準のすべてを満たしていなければならない。すなわち，

- 試験製剤——偽薬を除く——が許認可されていること
- 臨床試験の試験プランに応じて許認可の前提条件に合った試験製剤が用いられている，又は，試験製剤が当該EU加盟国の内1国において，その製剤の安全性及び有効性に関する公表された学術上の知識を根拠付けるようなエヴィデンスに基づいて用いられていること

及び，

- 補足的な診断上の手続ないし監督手続が当該EU加盟国における通常の臨床実践と比較して，試験の関与者の安全性に対する最小限の付随的リスク，あるいは，最小限の付随的負担を持つにとどまること

といった基準である。

　最小介入臨床試験を実施することの本質的な利点は，保証義務あるいは損害補填義務がなくなり，記録義務が縮減されることにある。

　さらに，規則（EU）Nr. 536/2014は，EUにおける多国間臨床試験際に，共通の評価（Assessment）を定めている。報告をする加盟国の管轄下での共通評価があるとはいえ，全ての加盟国は国内においても必要な認可を得る必要がある。これまでドイツにおいてなされていた，権限を持つ連邦上級当局及び倫理委員会による評価の手続きは原則的に今後も維持されつづけることになる。

　規則（EU）Nr. 536/2014によって，被害を受けやすい人々に対する一連の保護規則が，国内規定においても容認されている。それゆえ，多国家間研究に際しては様々な国内のルールに配慮がなされなくてはならない。よって例えば，集団利益研究——つまり，もっぱら当該の患者グループの利益のためであって，患者自身の直接の実益に関するものではない研究——は，同意能力をもたない成人（例えば認知症など）については，ドイツでは従来から原則的に禁止されたままである。この集団利益研究は，当該者が包括的な医師による説明に従い，

思考力に全く問題なくこの研究について許可をし，法定代理人が事前指示に基づき，そして包括的な医師による説明にしたがって，具体的な臨床試験に同意をする場合にのみ，許認可が得られることになっている。出生時あるいは幼少期以来の精神の障害のために同意能力のない人については，集団利益臨床試験は変わらず全般的に禁止されている。

V. 市場後コントロール

医薬品を使用する際のあらゆるリスクは，許認可手続の前あるいは手続の中で発見されることはほとんどないか，あるいは排除されることはまったくない。長期的作用は許認可のための研究においてはほとんど判別されることはない。それに対して相互作用は，任用されている患者がしばしば人工物を組み込んでいるため，許認可のための研究では通常，調査されない。結局のところ，許認可を得た医薬品のすでに知られている副作用も，ベネフィット－リスク関係を継続して再検証するために，引き続き観察されなければならないのである。そのため，医薬品の安全性を保証するためには，許認可手続を補足するものとして，継続監督（あるいは市場観察義務とも）のかたちでの市場後コントロールが必要とされる。このコントロールは一般的にファーマコビジランスの概念として表現される。

医薬品法においては，とりわけファーマコビジランスの任務及び義務を果たすために，許認可の保有者と同様に管轄の連邦上級当局（BfArMあるいはPEI）が用いるシステムとして，ファーマコビジランスシステムが定義されている。ファーマコビジランスシステムはこの定義によると，許認可を得た医薬品の安全性を監督し，ベネフィット－リスク関係の変化を全て発見することに役立つとされている。これにより患者の安全性は強められた医薬品の安全性によってより高められ，公共の保健も保たれることになるのである[31]。

---

31) Vgl. auch *Gassner*, Ebenen und Verfahren der Arzneimittelregulierung, in: Albers (Hrsg.), Risikoregulierung im Bio-, Gesundheits- und Medizinrecht, S.155 (164).

「ファーマコビジランス」の概念は，副作用や他の医薬品にまつわる問題を認識し，評価し，理解し，及び予防することに資するあらゆる活動をすべて含む。製薬企業はこれについて，自己責任の上での行為を義務付けられる。たとえ製薬企業が必要な届出すべてを漏れなく且つ期限内に提出したとしても，必要とされる推論を導くこと，又は必要となる措置を講ずることがなかったとすれば，製薬会社は官庁当局がそのような措置を講じていなかったことを引き合いに出すことはできない。

C. 医療機器法

I. 制定の経緯

1995年1月1日に医療機器法（Medizinproduktegesetz, MPG）が発効する以前は，ドイツ法においては，医療−技術的器具に対する個別の規則（度量衡規定，医療器具規則，機器安全法等々）しか存在しなかった。この状況が医療機器法によって根本的に変更された。医療機器法は，ヨーロッパの医療機器法の核心領域を含む3つのEG指令を国内法へと置き換えたものである。ここでは，有効に移植可能な医療器具に関する90/385/EWG指令，医療機器に関する93/42/EWG指令，体外診断に関する98/79/EG指令が重要となる。

そのため医療機器法の出発点においても，自由な商品流通を保障するべき国内市場全体を増強するという目的を持ったヨーロッパ法の枠組みがまず初めに位置している。しかしながら自由な商品流通と並んで，医療機器の安全性，健康保護，性能はヨーロッパでの調和措置をも目標としており，そのためこの観点は，医療機器法及びその規則における国内法への置き換えによっても反映されている。内容としては，ヨーロッパ医療機器法，そしてまた同時にドイツの医療機器法は，1980年代の新構想（Neues Konzept/New Approach）及び世界的構想（Gesamtkonzept/Global Approach）に従っている。この相互に補充する構想は，国家による製造物規制の徹底を必要不可欠な最低限度にまで制限し，同時

に，世間に対する義務の履行について，可能な限りの活動の余地を企業に認めるという点で共通している。これらの構想によれば，ヨーロッパ統一的な技術標準を作り出すことによって調和は実現されることになるのであり，ここにおける標準とは，それを充足することで製造物が原則的に市場全体に流通するようになるといったものである（いわゆる適合性の推定）。法的に調和を達成するためには，この構想によって，医療機器法においてもヨーロッパ規格（いわゆるEN Normen）に関する技術的調和が優先してなされなければならない。そのため，医療機器法は非常に技術化されたものとなっている[32]。規格構成を通じてそのような標準が発展することで，情報不均衡の均一化及び貿易障害の緩和をすることができ，革新を促進するために必要な程度の柔軟性及び近接性を保障するのである。ヨーロッパ及び国際的規格構成の連携はこの効果を強化し，重複作業を回避することになる[33]。

　医療機器法の行く先は，医療機器法に関する規則（EU）2017/745及び体外診断に関する規則（EU）2017/746によって決められている。規則（EU）2017/745は2020年5月26日から，規則（EU）2017/746は2022年5月26日からの適用とされているのである。原則としてこれまでの規制システムは残されることになる。なぜならば，これらのEU規則はほとんど全ての観点で明確な変革や厳格化を定めているからである。以下では新法に触れながら，話を進めていく[34]。

Ⅱ．法規制のアプローチ

　これらの規則は2つの目標を追求している。1つは，これらの規則が医療機器のために円滑に機能する国内市場を確保することである。もう1つは，これら

32）*Gassner*, Gesundheitsschutz durch Produktnormung, in: Möllers (Hrsg.), Standardisierung durch Markt und Recht, 2008, S.73 (78 ff.).

33）*Gassner*, Gesundheitsschutz durch Produktnormung, in: Möllers (Hrsg.), Standardisierung durch Markt und Recht, 2008, S.73 (89 f.).

34）Vgl. zum Folgenden *Gassner*, Kernelemente des neuen EU-Medizinprodukterechts, ZMGR 2018, S.85 ff.

の規則が医療機器の品質及び安全性についての標準を決定するということである。この2つの目標はパラレルに追求されている。すなわち，これらは相互に不可分に結びつき，絶対的に同じ立場にあるのである。

Ⅲ．実際の適用範囲

1．医療機器の概念

規則 (EU) 2017/745 は以下のような医療機器の定義を示している。すなわち，

「医療機器」と呼ばれるのは，製造者によって人に用いることが定められ，以下のような特殊な医療上の目的の1つ若しくは複数を組み合わせて達成するための，器具，装置，用具，ソフトウェア，インプラント，試験用具，材料及びその他の物体である。この目的とはすなわち，

- 疾病の診断，予防，監視，宣告，予後，処置又は緩和
- 怪我若しくは障害の診断，監視，処置，緩和又は補填
- 解剖又は生理学ないし病理学的過程若しくは状態の調査，補填若しくは変更
- 人の身体由来──さらに臓器，血液及び組織提供物由来のものも含む──の試料の体外研究による情報の獲得

そして，その目的に応じた主たる効果は人の体内若しくは体外において，薬学的・免疫学的手法あるいは代謝学的手法のいずれによっても発揮されないが，その作用形態がそのような手法によって促進されうるというものである。

主たる作用が物理学的，機械学的又は化学的なものである場合には，結合して用いる製造物についてもこの概念に該当する。そのため例えば，薬剤溶出性ステント (DES) も医療機器と分類されることになる。

潜在的リスクを比較できることを理由として，医学上の目的に資するものではない一定の製造物であっても，医療機器と分類されることになる。これに該当するのは，例えば肉体改造物などである。

2. 医療機器としてのソフトウェア

特に議論されているのは，スタンドアローン・ソフトウェアや健康アプリが，どれほど厳密な要件の下で医療機器と分類されるか，ということである。これについては，すでに欧州裁判所の判決が言及しているが，今なお全ての問題が解決したとはいえない[35]。ソフトウェアが医師の治療上あるいは診断上の決定を代替するかどうかが根本的に問題となっている[36]。疑わしい場合の線引きについて一定の方向付けをするものとして，「医療機器ガイダンス文書──展望，適用領域，定義──スタンドアローン・ソフトウェアの必要条件及び等級分類 MEDDEV 2.1／6〔訳者註・Guidance document Medical Devices – Scope, field of application, definition – Qualification and Classification of stand alone software – MEDDEV 2.1/6〕」[37]，「医療機器の地域的規制枠組みにおける境界線と等級分類についてのマニュアル，Ver. 1.22（2019年5月）〔訳者註・Manual on Borderline and Classification in the Community Regulatory Framework for Medical Devices, Version 1.22 (05-2019)〕」[38]，及び「医療機器規則（EU）2017／745──MDR及び体外診断用医療機器規則（EU）2017／746──IVDRにおけるソフトウェアの適格性評価及びクラス分類に関する指針（2019年10月）〔訳者註・Guidance on Qualification and Classification of Software in Regulation (EU) 2017/745 – MDR and Regulation (EU) 2017/746 – IVDR (October 2019)〕」[39]といった公式マニュアルが示されている。

3. 医薬品──医療機器の区別

医薬品が問題になっているのか，医療機器が問題になっているのか，という問いは大きな意義を有する。この意義は，製造者の観点からは市場アクセスの

35）Vgl. dazu *Gassner/Modi*, Anmerkung zu EuGH, Urt. v. 07.12.2017 – C-329/16 (Syndicat national de l'industrie des technologies médicales (Snitem)/Premier ministre u.a.), EuZW 2018, S.168 f.

36）In diesem Sinne schon *Gassner*, MedTech meets M-Health, MPR 2015, S.73 (77 ff.).

37）https://ec.europa.eu/docsroom/documents/17921

38）https://ec.europa.eu/docsroom/documents/33782

39）https://ec.europa.eu/docsroom/documents/31926

規制が全く異なっていることにある。第1の区別基準は，目的に応じた主たる効果である。人の体内若しくは体外で薬理学的・免疫学的手法によっても代謝上でも目的に応じた主たる効果が発揮されない場合のみ，医療機器は定義通りのものとなりうる。医療機器は，通常，物理学的にまたは生理化学的に作用する。基本的に，製造者の――主体的――目的決定から，したがって，例えば，特徴あるいは使用情報を通じて，目的に応じた主たる効果が生じるのである。しかし，薬理学的，免疫学的，及び，代謝上の作用方法の法律上の定義が欠けているので，区別の難点となりうる。

Ⅳ. 市場前コントロール

1. 手続き

医療機器に対しては官庁当局による許認可は存在しない。むしろ，医療機器を市場に出す要件は認証（Zertifizierung）である。CEマークが表示されている製品のみが流通できることになる。このためには，認証手続（適合性評価手続）がなされなくてはならない。この適合性評価の実施は医療機器の製造者に対して義務付けられている。EUにおいては輸入業者についても，CEマーク付き製品のみ，流通が許可されている。

適合性評価に先立って，とりわけ，医療機器の目的設定の決定と，その等級分類をしなければならない。この等級分類は，医療機器の危険の度合いによって区別をする（いわゆるリスク基準アプローチ）という基本思想に基づいている[40]。等級分類の結果，医療機器は4段階のリスク等級，つまりⅠ，Ⅱa，Ⅱb，Ⅲの4つの内のいずれか1つに分類される。例えば人工股関節は，リスク等級Ⅲに分類されることになる。リスク等級が上がるほど，適合性評価手続はよりコストがかかるのである。

リスク等級Ⅰ（自己証明）の製品を除いて，製造者には指定機関（Benannte

40）Vgl. *Gassner*, Gesundheitsschutz durch Produktnormung, in: Möllers (Hrsg.), Standardisierung durch Markt und Recht, 2008, S.73 (82).

Stelle）の介入が必須となる（他者証明）。指定機関とは，製造者によって実施されなければならない適合性評価手続の範囲での検査及び評価を行い，統一的な評価基準に基づいてその適切性を証明する，独立した，委託（国家的に承認された）機関である（それゆえ官庁当局ではない）。その例としては，技術検査組合製造物サービス（TÜV Product Service）がある。指定機関によって交付された適合性評価証明は，最大で5年間有効である。製造者はその他にも，他のEU加盟国の指定機関を選択することができる。医療機器法改正の経過で，指定機関の数が50まで減少するであろう。

2. 安全性及び有効性の要請

製品はその目的設定に鑑みて，製品に適用される，基礎的な安全性及び性能の要請を満たさなければならない。基礎的安全性及び性能の要請は，適合性評価手続において検査される。これに関する基準となるのは，例えばEN 60601-2-33:2010のような，医学診断用MRI装置の安全性に関する特別な決定と調和した規格である。将来的には，欧州委員会によって直接許認可される共通仕様書が，基礎的安全性及び性能の要請の判断にとって重大な役割を持つことになると考えられる。

3. 臨床評価

基礎的安全性及び性能の要請を遵守しているかどうかの証明は，その製品の臨床評価を必然的に含むものである。「臨床評価」とは，臨床上のベネフィットを含めた製品の安全性及び性能が，製造者によって定められた使用方法に則して再検査されることによって，製品の臨床データが持続的に作成され，収集され，分析されそして評価されるためのシステマティック且つ計画的な過程のことを指す。

臨床評価と臨床試験は区別されなければならない。「臨床試験」は，1人若しくは複数人の実験関与者が参加し，製品の安全性及び性能評価を目的として実行されるシステマティックな研究のことを指す。臨床試験は原則として，移植可能な製品，及びリスク等級Ⅲの製品にのみ義務付けられている。その他の製品については，いわゆる文献方式によることができる。それゆえ，ここで必要

とされる臨床データは，臨床試験，又は証明済みの同種製品に関して専門誌において発表された研究，若しくは同一あるいは証明済みの同種の製品に関するその他の臨床経験によって証明されうる。

　その他で臨床試験は，例えば被害を受けやすい試験関与者の保護，スポンサーの情報提供義務や望まれない結果の報告に関して，きわめて詳細に説明がなされること，並びに，部分的には当該医薬品法の規準との明白な類推によって規制されることが，一般的・特別的に要請されている。規制を必要とする目的に資するのではない臨床試験は，それほど厳しく規制されることはない。とりわけ，そのような臨床試験は官庁当局による認可義務を課されることもないのである。

Ⅴ．市場後コントロール

　市場流通に関する監督，ビジランス及び市場監視のために整備された3つの市場後コントロール・システムは，市場前コントロールと同様に製品の安全性に資するものである。市場前・市場後の2つの規制段階は相互に噛み合っているのである。

　市場流通に関する監督のためのシステムは，製造者が全ての製品について製品のリスク等級及び種類に応じた方法で計画し，調整し，記録し，使用し，維持し，そして更新しなければならない。各監督システムも，各々の製品の品質，性能及び安全性に関する有効でシステマティックに関連するデータをその製品の耐久年限全体に渡って収集し，記録し，分析する目的のために，さらにこれと並んで，必要とされる最終結果を導き出し，場合によっては予防措置や改良措置を探求し，実施しそして監視する目的のために適切なものでなければならない。リスク等級Ⅱa，Ⅱb，Ⅲの製品の製造者はその上，定期更新安全性報告（Periodic Safety Update Report, PSUR）を作成しなくてはならない。

　その上さらに，医療機器の製造者は，その製品の安全性を相応のビジランス・システムを用いて監督することが義務付けられている。とりわけ，ベネフィット・リスク分析上で重大な影響を持つことがあり，患者，消費者若しくは

その他の人々の健康や安全性についての許容されないリスクを持つあるいは持つことがあるような重要な出来事及び傾向，すなわち，重要でない事象や予期されるが望ましくはない副作用の頻度や重症度の統計上有意な上昇，といったものが報告されなければならない。

　市場後コントロールの第3の柱である市場監視は，様々な国内官庁当局によって果たされなくてはならない公権的任務である。この市場監視は例えば，適切な抜き取り検査の代わりに，製品に関する要件及び性能の一致を，それもとりわけ，書類による再検査並びに生理的検査及び実験調査によってもコントロールすることができるのである。

D. 医薬品法規制・医療機器法規制の比較

　医薬品・医療機器規制はその核心において同一の目標を追求している。またこれらは，市場前・市場後コントロールについて類似の構造を持っている。全体として，両規制システムの一致が見て取れることになるのである。より正確には，医療機器法がますます医薬品法に近づいている，と言うことができるであろう。このことが目に見えて明らかであるのが，臨床試験の規制の場合なのである。

日本の薬事制度の素描
——薬事法の沿革を中心に——

小西知世

A. はじめに

　医薬品・医療機器に関する一連の法制度の中核に位置する「医薬品，医療機器等の品質，有効性及び安全性の確保等に関する法律」をメインに据え，日本の薬事制度の沿革と概要を素描する——それが本稿に課されたテーマであり，本書における本稿の立ち位置でもある。

　このような論考が，これまで法律学はもとより薬学や社会学・歴史学など，さまざまな領域から数多く呈示されてきていることは，誰もが知っていよう。その限りにおいて，本稿も数あるそれら論考のうちの1つでしかない。しかし，それらとはやや趣を異にせねばならないところが本稿にはある。ドイツの法制度との比較という点である。換言すれば，彼我の事相の差を炙り出すため，日本の法制度の特徴を形づくったと思われる事象を意識しつつ，日本の薬事制度の沿革と概要をデッサンしなければならないという点である。

　かくして，本稿では，日本の法制度を特徴づけると思われる4つのポイント——①和漢医学（漢方医学）を中心とする伝統的な医療の存在，②明治期のドイツ医学・医療の導入による医療の姿の変化，③法令の統廃合の結果としての現行法，④薬害に起因する制度の変質——を，やや意識する観点から日本の薬事

制度を描き出していこうと思う。

　なおその際，本稿では，薬事法と薬事制度という表現をしばしば用いることになる。本稿では，「薬事法」は，薬事法という名称の法律を示すときにのみ限定的に使用する。「薬事制度」は，医薬品や医療機器だけではなく，再生医療等製品，麻薬，毒薬・劇薬など，日本の薬事行政に関わる制度全般のことを示す表現として用いることにする。

B. 薬事制度の沿革

　最初に，今の日本の薬事制度の輪郭を描くため，沿革を振り返ってみよう[1]。

I. 古代から明治維新まで[2]

　日本において，今につながる近代的な法制度が構築されたのは明治維新以降のことになる。そこで，明治維新までの状況をごく簡単に俯瞰しておこう。

　そもそも，日本には古代から固有の民間薬や医術文化があったと推察されている[3]。しかし，それらが灰燼に帰してしまうほどの社会的影響力の大きな事

1）本節は，疾病観念や治療法はもとより，法制度も独り勝手に生まれたのではなく，ある時代のある社会が有する人間観や社会観との関連において形づくられるという観点から，現在の日本の薬事制度の輪郭を浮かび上がらせるのに必要かつ十分な程度で歴史を振り返るものである。その意味で，歴史学の視点から本稿を見た場合，不正確であったり不十分であったりする点が多々あることを，あらかじめ断っておきたい。

2）本項は，日本薬史学会編『薬学史事典』（薬事日報社，2016年）および新村拓編『日本医療史』（吉川弘文館，2006年）によるところが多い。

3）『風土記』および『延喜式』に日本固有の民間薬や医術文化を伺うことができる記述があるとされる。なお，日本の古代の医療については，吉野勝美「医薬，医療，介護にもつながる出雲の神々」MEDCHEM NEWS24巻3号（2014年）55-56頁，坂本勝「都市の大物主——崇神朝の祟り神伝承をめぐって」日本文学誌要83号（2011年）35-44頁など参照。

象が生じた。中国大陸と朝鮮半島からの医術と薬物——なかんずく薬学——の伝来である。古墳時代（3C半ば～7C末）の400年代のことであった。これが日本の医学・医療・薬学における最初のターニングポイントとなった。この点に関する記録として，ヤマト王権誕生後の414（允恭天皇3）年，天皇重病のため新羅から医師金武が来日し天皇の病を治癒させたとの記録，および同王権の求めに応じて554（欽明天皇15）年に朝鮮半島の百済から薬の専門家である採薬師（施徳藩量豊と固徳丁有陀）が来日したという記録が残っており，薬学史上，これらの記録が，日本の薬の発展にかかわる最初の記録として位置づけられている[4]。

　法制度という観点から注目すべきは，飛鳥時代（6C後半～8C初頭）[5]および奈良時代（8C）の令制であろう。701（大宝1）年に制定された日本史上最初の法制度である大宝律令と，718（養老2）年の養老律令では，早くも医学教育制度と医療制度（薬事制度を含む）を形づくる医疾令が設けられていたとされている[6]。こ

4）西川隆「古代から江戸・明治・大正・昭和まで」日本薬史学会編・前掲注2）3頁。なお，554年当時，医学・医療の進歩が停滞していたという問題があり，その問題への対策として百済から医博士2名を招聘したという見解も示されている（新村拓「古代の医療」新村編・前掲注2）20頁参照）。

5）なお，593（推古天皇1）年には四天王寺の施薬院での薬草栽培が開始されたとある（西川・前掲注4）4頁）。

6）大宝律令と養老律令は，唐制を継受した日本最初の法制度である。なお，大宝律令の原文は散逸して残されておらず，歴史学上，養老律令と逸文による復原により大宝律令上の医疾令の一部を確認することができる状況にある。医疾令については，丸山裕美子「唐医疾令断簡（大谷3317）の発見と日本医疾令」小口雅史編『律令制と日本古代国家』（同成社，2018年）312頁以下，丸山裕美子「北宋天聖令による唐日医疾令の復原試案」愛知県立大学日本文化学部論集歴史文化学科編1号（2010年）21頁以下，同『日本古代の医療制度』（名著刊行会，1998年）など参照。大宝律令そのものについては，榎本淳一「『東アジア世界』における日本律令制」大津透編『律令制研究入門』（名著刊行会，2011年）2頁以下，大隅清陽「大宝律令の歴史的位相」大津透『史学会シンポジウム叢書 日唐律令比較研究の新段階』（山川出版社，2008年）219頁以下などを参照。また，夏井高人「医疾令の本草」法律論叢90巻2・3号（2017年）317頁以下も参照。

の医疾令により，内薬司[7]と典薬寮[8]という2つの既存組織が改組再編された[9]。

　古墳・飛鳥時代の後におとずれる奈良時代になると，中国から薬物が数多く輸入されるようになり[10]，また730（天平2）年には病者に薬を施し治療する国家機関として施薬院が設置された[11]。平安時代（8C末～12C末）には，優れた医薬書も編纂されるようになり学術的にも盛んになる[12]。

　鎌倉時代（12C末～14C）から安土桃山時代（16C後半）にかけては，2つの変化が生じる。まず，医療の大衆化にともなう変化である。この時代，中国大陸へ渡航し新しい医学をもたらした僧侶（僧医）が記した薬学に関する実用書[13]や往来物[14]により，医薬知識が医師や一部の貴族・僧から広範な階層にまで広げ

7）新村・前掲注4）24頁。天皇と宮廷人の診療と薬種の調合を業務とする。内廷医療を担当した。

8）新村・前掲注4）22頁。医事薬事を管理し医師や薬園司の配置や教育を担当した。今日の厚生労働省と大学の医学部・薬学部および附属病院の機能を併せ持った官司であるとされる。

9）詳細については，さしあたり新村拓『古代医療官人制の研究——典薬寮の構造（叢書・歴史学研究）』（法政大学出版局，1983年）を参照されたい。

10）当時輸入された薬物は，正倉院宝庫の『種々薬帳』に書き記されている。『種々薬帳』については，朝比奈泰彦編『正倉院薬物』（植物文献刊行会，1955年），柴田承二監修宮内庁正倉院事務所編『図説 正倉院薬物』（中央公論社，2000年）などを参照。

11）佐々木有美「古代施薬院の職掌について」奈良大学大学院研究年報6号（2001年）215頁，岩本健寿「奈良時代施薬院の変遷」早稲田大学大学院文学研究科紀要（日本史学・東洋史学・西洋史学・考古学・文化人類学・アジア地域文化学）54巻第4分冊（2009年）87頁以下参照。

12）799年の和気広世の『薬経太素』が，薬効を記した日本最古の医薬書であるとされている（西川・前掲注4）4頁）。なお，現存する日本最古の医薬書は，984年の『医心方』である。

13）たとえば，浄観房性全（梶原性全）の『頓医抄』（1303年）や『万安方』（1315年）など。西川・前掲注4）5頁。

14）書状の往来という形式をとって社会生活に必要な知識を中下級の武士の子弟に伝えようとした初学者用の教科書とされる。例として『庭訓往来』『尺素往来』などがある

られたこと，民間医の出現により国営医療機関であった典薬寮や施薬院以外に
も庶民が受療できる場が拡大したこと[15]，薬を販売する店や薬種販売を商いと
する者の活動が活発になったこと[16]などから，医療の大衆化が進んだとされて
いる。いまひとつの変化が医療の専門分化である[17]。とりわけ社会状況から軍
陣外科である金創医学（刀傷・槍傷など戦傷その他に対する救急医療）が発展し，相
関的に止血薬など金創医学と関わる薬学も発展した[18]。

　なお，安土桃山時代に宣教師を介してもたらされた南蛮医学・キリシタン医
療（貿易商で医師であったスペイン人，ルイス・デ・アルメイダ〔Luis de Almeida〕が
宣教師として来日し，1557〔弘治3〕年に豊後府内に病院を開設したのが日本の西洋人に
よる西洋医学の始まりとされている）は，宗教上の問題もあり，当時あまり普及し
なかった[19]。

　このように古代から近世までの日本の医学や医療は，そのメインストリーム
が薬（生薬）であり，それは中国大陸や朝鮮半島との交流を基軸として展開され
ていったということができよう[20]。

　もっとも江戸時代（1603年〜1867年）になると，中国大陸や朝鮮半島の影響か
ら離れ，独自の発展──和漢医学（漢方医学）へと発展を遂げるようになる。
1683（天和3）年，幕府医官としての奥医師の制度的確立をみた際，将軍の薬の

　　　　（新村拓「中世の医療」新村編・前掲注2）69頁）。

15）　新村・前掲注14）62頁。

16）　新村・前掲注14）72頁。

17）　新村・前掲注14）64頁。

18）　宮本義己「戦国期の医療」新村編・前掲注2）96－101頁。

19）　西川・前掲注4）6－7頁。

20）　たとえば，小曽戸洋『漢方の歴史──中国・日本の伝統医学』（大修館書店，新版，
　　2014年）91－165頁など参照。なお，当時の医療はそれだけではなく，灸治・針治・蛭
　　食治・湯治なども実施されていたとの見解も示されている。新村・前掲注4）47－51
　　頁および小曽戸洋＝天野陽介『針灸の歴史──悠久の東洋医術』（大修館書店，2015年）
　　165頁以下参照。

調剤を担当する「御匙」が奥医師の筆頭職となったこともあり[21]，和漢医学が，当時の医学や医療のメインストリームに位置づけられることになる[22]。

　なお，奥医師制度とは別途あげることができる江戸時代の医療の特徴に，民生用の流通医薬品——つまり市販薬あるいは大衆薬である家庭薬（「売薬」）の普及があるとされている[23]。室町時代（14C～16C後半）には，このような家庭薬は「合せ薬」として貴族・武家などの間で流通していたが，この時期に一般家庭にまで浸透し密着するようになった[24]。その背景には，市井の医師が存在しないに等しい状況であったこと，また医療提供形態も医師の往診が中心であったため，「いずれの家々でも救急時に備えての家庭薬としての“置き薬”の必要に迫られていた」[25]とされる。かくして，江戸時代前期頃から貨幣経済の確立とともに売薬が発展したが，同時に薬屋による薬価の調節や偽薬の横行が絶えないという問題が発生した。そこで1666（寛文6）年，江戸町中の薬屋仲間による独占的な薬種の購入と売り惜しみを禁じると同時に指定の座を定めるという営業規制をするとともに，偽薬に対しては営業停止処分をするという政策を展開した[26]。中期（1710年～1810年頃）になると，この政策は一段と強化され，薬草・生薬の国産化と価格安定・贋薬防止が医薬品政策として展開され，1722（享保7）年には贋薬や粗悪品流通の規制を目的とした「和薬種6ヶ条」を制定，同時にその実施機関として和薬改会所が設置された[27]。

21）宮本義己「近世の医療」新村編・前掲注2）102－103頁。

22）他にも，当時の中国（清）における医学が些少であったこと，蘭方の影響も含めた日本医学の独自化があったとされる（小曽戸・前掲注20）177－178頁）。この当時，発展したのが薬物の起源・鑑別・選択・薬効・調整法を論じた本草学であった。本草学については，西川・前掲注4）7－8頁参照。

23）鈴木達彦「売薬の歴史」日本薬史学会編・前掲注2）33頁参照。

24）宮本・前掲注21）127頁参照。

25）宮本・前掲注21）131頁。

26）宮本・前掲注21）109頁参照。

27）西川・前掲注4）9頁参照。

他方，この頃から，実学奨励策により和蘭書が解禁されたことなどにより，江戸幕府と外交関係があったオランダを介して蘭学，なかんずく西洋医学（蘭方医学）が本格的に日本にもたらされ勃興することとなった。後期（1810年以降）になると，ドイツ人医師シーボルト（Philipp Franz von Siebold）が1823（文政6）年に来日し，実際に手術を行い参観させるなどの医学教育を開始し[28]，同様にオランダ人医師ポンペ（Johannes Lijdius Catharinus Pompe van Meerdervoort）が1857（安政4）年に来日し，ヨーロッパで実施されていた系統的な医学教育を実施した。他方，西洋医学が天然痘の予防やコレラの治療に一定の効果を示すなど，西洋医学の有用性が実証される事相が積み重なり，西洋医学は一気に普及していった。また，金創医学のときと同じように，西洋医学で用いられる医療器具や化学物質を主体とする西洋薬（洋薬）も，西洋医学の普及と相関的に，輸入されたり日本で製造されたりするようになった[29]。

　かような状況下で1868年に明治維新を迎えることになった。かくして，欧米先進国を模範とする近代国家建設を目指した時代へと社会のフェーズが移行するとともに，日本の医学・医療・薬学も2回目のターニングポイントを迎えることになったのである。

Ⅱ．明治期の近代的な立法整備作業

1．ドイツ医学の導入

　今から約150年前。1868（明治1）年に，明治政府は「西洋医術採用方建白」[30]

28）これが日本における臨床医学の始まりであったと評価するむきもある（青木歳幸「近世の西洋医学と医療」新村編・前掲注2）167頁）。

29）たとえば，1750（寛延3）年頃に顕微鏡が，1848（嘉永1）年に聴診器が日本にもたらされ，1835（天保6）年には針屋平兵衛が，1839（天保10）年にはいわしや藤右衛門が外科用器具の製作と販売をしていたとされる（青木・前掲注28）211−216頁）。および日本顕微鏡工業会（長野主悦）「顕微鏡の歴史」（http://www.microscope.jp/history/index.html〔2020年1月31日アクセス〕）参照。

30）高階典薬少允高階筑前介「西洋医術採用方建白」（明治元年2月日闕）。

に基づき「西洋医術ノ所長ヲ採用ス」[31]を布告することによって西洋医学を導入することを政府方針として決定した。そして，数ある西洋医学のなかから，ドイツ医学を導入することを1870(明治3)年に決定する[32]。ドイツ医学が選ばれた理由については諸説が展開されている。シーボルトがドイツ人医師であったこと，江戸時代に西洋医学の教科書として用いられていた本のほとんどがドイツ医学書のオランダ語版であったこと[33]，当時の在日アメリカ人宣教師グイド・フルベッキ（Guido Herman Fridolin Verbeck）が西洋諸国の中でもっとも医学が進んでいるのはドイツであるとの助言をしたことなど[34]が理由であるとも言われている。いずれにせよ，明治政府はドイツ医学の導入を決定し，指導者としてレオポルド・ミュルレル（Benjamin Carl Leopold Müller）とテオドール・ホフマン（Theodor Eduard Hoffmann）のドイツ人医師2名を招聘する[35]。

31）「西洋医術ノ所長ヲ採用ス」（明治元年3月8日第141）。

32）なお，ドイツ医学を導入するにあたっては，一時的にではあるがイギリス医学の導入というプロセスを経ていることを付言しておく（この点については，尾﨑耕司「明治維新期西洋医学導入過程の再検討」大手前大学論集13号〔2013年〕43頁以下など参照）。ドイツ医学の導入については，内務省衛生局（金杉英五郎）『医制五十年史』（内務省衛生局，1925年）6-8頁，小高健『日本近代医学史』（考古堂，2011年）23-52頁，金津赫生『日本近代医学史——幕末からドイツ医学導入までの秘話』（悠飛社，2009年）などを参照されたい。

33）たとえば，青柳精一『近代医療のあけぼの——幕末・明治の医事制度』（思文閣出版，2011年）110頁，富士川游「明治以前の日本に於ける独逸医学」富士川英郎編『富士川游著作集8』（思文閣出版，1981年）525頁など。

34）「ドイツでは学問研究が全体として高い水準に達している。……とりわけ医学が優れており，衛生学のペッテンコーファー（Max von Pettenkofer）や生物学のヨハネス・ミュラー（Johannes Müller）の名をあげることができる。ドイツ医学は他のあらゆる国の医学より優れており，日本もこれを採用すべきである」と相良知安に語ったとされる（日独交流史編集委員会編『日独交流150年の軌跡』〔雄松堂書店，2013年〕96頁）。

35）その際，「大日本帝国政府は，ドイツ人医師2名を3年の任期を以て雇用することを希望する。尚，月俸は主任医師について600円，副主任医師については300円とする」

ミュルレルは，来日後すぐ，日本では医師が患者を診察し治療に自ら調合した薬を投与している実情をみて，「日本に於ては医師が同時に薬剤を調合して授与せるの風習となって居る。これは頗る危険であり又種々な弊害を醸すものである……仍て若し日本政府にして飽くまで独逸医学に則り之を普及し，医療を施さんと欲せば速に独逸本国に交渉して別に薬学者を招聘し，斯道の教育に当らしめ薬剤のことを担当する学者を養成せねばならぬ」[36]との提言を政府にした。またホフマンは，政府から日本の医療制度の起案を依頼されたとき，「日本で医制を施行するためには，世界でもっとも進歩しているドイツの制度を参考とする必要がある。同時に日本の医業の興隆を期するためには，薬学の研究もおこない，医学と薬学とを並行しなければよい医制をつくることはできない。したがって医学を奨励するとともに薬学を奨励する必要がある」[37]との見解を示した。かくして彼らの見解は，近代的な日本の医療制度の根幹を担うものとして1874（明治7）年に起草された「医制」にも反映され，そこに医薬分業が盛り込まれることになったのである[38]。

（"Die Regierung von Dai-Nippon wünscht, zwei deutsche Ärzte für die Dauer von drei Jahren zu engagieren. Das Gehalt beträgt für den Hauptarzt monatlich 600 yen, für den zweiten Arzt 300 yen"）との招聘状が示されたことが史実として残っている（E. クラース＝比企能樹編『日独医学交流の300年』〔シュプリンガー・フェアラーク，1992年〕XIII頁）。なお，ミュルレルとホフマンについては，吉良枝郎『明治期におけるドイツ医学の受容と普及——東京大学医学部外史』（築地書館，2010年）を参照。

36）武知勇記『医薬分業読本』（薬剤誌社，1936年）6頁。

37）青柳・前掲注33）335頁。

38）医制第41条および第55条。第43条および第65条も参照のこと。なお，1875（明治8）年に改正された医制において，旧医制第41条は第21条で，第55条は第34条で，そのまま維持されていることを惟みれば，当該方針については変更がなかったことがうかがわれよう。この点については，西川隆「医薬分業の萌芽と政治闘争——分業の萌芽期（明治6年）から戦時体制薬事法の制定（昭和18年）までの70年」秋葉保次＝中村健＝西川隆＝渡辺徹編『医薬分業の歴史 証言で綴る日本の医薬分業史』（薬事日報社，2012年）4-6頁を参照されたい。

2. 明治期の薬事制度

　当時の政府は，近代的な医療制度を整備すると同時に，いくつかの社会的な問題についても対策をしなければならなかった。その1つが不良薬品・偽造薬品への対応と薬品の品質・規格の統一化である。当時，輸入品に対する検査体制がなかったことから西洋から持ち込まれる薬品の中には不良品・偽造品が少なからずあり，またそうではない薬品であっても国により品質や規格がまちまちであった[39]。そこで，輸入薬品（洋薬）に対する検査施設である「司薬所」を1874（明治7）年に東京[40]，1875（明治8）年に京都[41]・大阪[42]に設立し，ついで，日本で供給される医薬品のリスト化，および検査において品質の適正性を判断するための基準設定を目的とする規格基準書，「日本薬局方」を1886（明治19）年に制定した[43]。また，江戸時代初期から庶民にとって欠かせない医療手段であった売薬は，幕末に至るまで科学的に有効性や安全性が問われることがなかったこともあり，無効無害なものが市場に出回っていた。そこでそれらを淘汰することを目的として，まず1876（明治9）年に「製薬免許手続」により製薬企業の免許鑑札制を導入し[44]，売薬業者に対しては免許制を導入することにより販売規制をする「売薬規則」を1877（明治10）年に制定した[45]。その後，薬事制度に関する統合的な法律を立法する必要性が認識されるようになり，1889（明治

39）薬事医療法制研究会編『やさしい医薬品医療機器等法——医薬品・医薬部外品・化粧品編』（じほう，2015年）2頁。なお，当時輸入されていた主な薬品には，リン酸コデイン，塩酸ヘロイン，ヂオニン，ウロトロピン，氷酢酸，サッカリンなどである（川上武『現代日本医療史』〔勁草書房，1965年〕291頁，日本科学史学会編『日本科学技術史大系 第25巻・医学2』〔第一法規，1967年〕17-25頁）。

40）「東京府下ニ司薬所設立」（明治7年3月27日文部省布達第11号）。

41）「京都司薬所設立ニツキ達」（明治8年2月15日文部省布達第2号）。

42）「大阪司薬所設立ニツキ達」（明治8年3月24日文部省布達第6号）。

43）「日本薬局方」（明治19年6月25日内務省令第10号）。なお，厚生省医務局編『医制百年史（記述編）』（ぎょうせい，1976年）34-35頁および112頁参照。

44）「製薬免許手続」（明治9年5月8日内務省達乙第54号）。

45）「売薬規則」（明治10年1月20日太政官布告第7号）。

22）年に日本で近代的な薬事制度を形づくる「薬品営業並薬品取扱規則」を制定することになる[46]。この法律では，今でも用いられている「薬剤師」や「薬局」という用語が初めて使用され，薬剤師，薬局，薬品販売を業とする「薬種商」，薬品を製造し自製の薬品を販売する「製薬者」などの資格・業務が明文化された[47]。

3. 大正期から終戦までの薬事制度

日本の薬事制度は，明治時代に制定されたこれらの法律をベースに第2次世界大戦の終わりまで，戦争という社会状況に翻弄されつつ運用され変化を遂げていくことになる。

大きな動きを3点あげることができる。1点目は，売薬に対する規制スタンスの変化である。従前は害を及ぼすものでなければ，仮に薬効がなかったとしても積極的には規制をしないという無効無害主義のスタンスであったが，医薬品は人体に害を及ぼさず，かつ薬効が確認できるものでなければならず，この2要件を一方でも満たさないものはすべて規制すべきであるという有効無害主義にスタンスを変えることになった[48]。この新たなスタンスに基づき，1914（大正3）年に「売薬規則」が廃止され，新たに「売薬法」が制定された[49]。2点目は，薬

46）「薬品営業並薬品取扱規則」（明治22年3月16日法律第10号）。

47）厚生省医務局編・前掲注43）84-85頁参照。

48）厚生省医務局編・前掲注43）108-110頁参照。この点についての経緯は，西川隆『くすりの社会誌——人物と時事で読む33話』（薬事日報社，2010年）25-34頁を参照されたい。1909（明治42）年に出された内務省衛生局長通牒「売薬免許ニ関スル通牒」（明治42年4月衛甲第29号）により無効無害主義から有効無害主義へと転換したとされる（中村健＝近藤晃司「薬事制度の歴史」日本薬史学会編・前掲注2）37頁）。なお，本通牒は，内務省衛生局『薬事衛生ニ関スル法規及例規』（1930年）版においては「売薬免許ニ関スル通牒」との題名となっている（164頁）が，厚生省衛生局『薬事衛生ニ関スル法規及例規』（1942年）版では「売薬免許ノ際ニ於ケル注意ニ関スル件」となっている（247頁）ことに注意されたい。なお，1942年版は明治大学ELMで内容を確認することができる（請求記号00.02/Y16/1942貴）。

49）「売薬法」（大正3年3月31日法律第14号）。厚生省医務局編・前掲注43）218頁参照。

剤師の業務範囲を明確にするために, 薬剤師に関する制度を「薬品営業並薬品取扱規則」から独立させ「薬剤師法」を1925（大正14）年に制定したことである[50]。3点目は, 戦争にともなう社会情勢の変化により, 重要な戦略物資たる医薬品の確保を総合的に図る必要が生じたため, これまでの主要な薬事関連法令を一本化し——結果, 薬剤師に関しては, 再度法律上の独立性を失うことになる[51]——1943（昭和18）年に「薬事法」を制定したことである[52]。その際, 従来の市販用の売薬とそれ以外の薬品という区別を廃止し, どちらをも包摂する「医薬品」というカテゴリーを新たに設定し取り扱いを一元化することになった[53]。

4. 終戦後から現行法制定までの薬事制度

第2次世界大戦終了後, GHQの指導のもと, 戦時立法であった1943（昭和18）年の薬事法（以下「戦時薬事法」とする）を廃止し, 新しい「薬事法」が1948（昭和23）年に制定された（以下「GHQ薬事法」とする）[54]。GHQ薬事法がもっとも重視した目的は, 戦後混乱期の当時, またもや横行していた不良粗悪な医薬品や医療器具, 化粧品を取り締まることであり, その限りにおいて衛生警察的な側面の強いものであった。なお, 戦時薬事法が医薬品だけを対象としていた法律であったのに対し, このGHQ薬事法では, 第2条にて「『薬事』とは, 医薬品, 用具又は化粧品の製造, 調剤, 販売又は授与」と規定されているように, 医薬品だけではなく医療器具や化粧品も規制対象となった[55]。

---

50) 「薬剤師法」（大正14年4月14日法律第44号）。厚生省医務局編・前掲注43）200-203頁参照。この点の経緯については, 西川・前掲注38）36-44頁参照。

51) 厚生省医務局編・前掲注43）298-301頁参照。

52) 「薬事法」（昭和18年3月12日法律第48号）。この点の経緯については, 西川・前掲注38）55-60頁参照。

53) 厚生省医務局編・前掲注43）315-317頁参照。

54) 「薬事法」（昭和23年7月29日法律第197号）。厚生省医務局編・前掲注43）407-409頁参照。

55) 厚生省医務局編・前掲注43）448-450頁参照。なお, 従来, 工業品として衛生取締の圏外として放任するには不適切な程度で保健衛生と密接な関連を有するが, しかし, 直ちに医薬品または売薬として取締をすることも適当ではないものとして位置づけら

その後，医制で導入が図られていながらも実現できていなかった医薬分業に
つき，1949（昭和24）年に，米国薬剤師協会使節団が，法律を用いた強制分業の
実施を勧告するという事象が発生する（「医薬分業実施勧告」）[56]。それをうける形
で，1951（昭和26）年と1955（昭和30）年に医薬分業を導入する法改正がなされ
た[57]。これが今日まで続く医薬分業に関する現代における議論のひとつの基点
となった。

　さて，GHQ薬事法は，戦後混乱期に生じていた問題を取り締まることを目的
としていたため，10年を経過した頃から実情に合わない点が増えてきた。そこ
で，1960（昭和35）年に，GHQ薬事法で規定されている内容のうち，薬剤師に関
する規定を分離独立させて「薬剤師法」を制定した[58]。同時に，GHQ薬事法の
薬剤師に関する以外の規定については，新たに医薬部外品のカテゴリーを追加
するなど，実情に応じた措置をとっただけではなく，医薬品等が生命身体に直
接影響する極めて重要なものであることを考慮し，薬局・製造業・販売業に対
して，より一層，きめの細かい規制をかけた新たな「薬事法」を制定した。この
薬事法が現在につながる薬事法である[59]。今の薬事制度の中心となる薬事法の

　れていた医薬部外品は，「売薬部外品取締規則」（昭和7年7月22日内務省令第25号），
　「医薬部外品等取締法」（昭和22年12月24日法律第232号）において規制されていた。
　厚生省医務局編・前掲注43）218−219頁および447頁参照。

56）西川隆「医薬分業法の法的整備の夜明け──占領期の薬事法制定（昭和23年）と
　GHQ勧告（昭和25年）から医薬分業法実施（昭和31年）と薬事二法制定（昭和35年）
　まで」秋葉＝中村＝西川＝渡辺編・前掲注38）69−82頁参照。

57）「医師法，歯科医師法及び薬事法の一部を改正する法律」（昭和26年6月20日法律第
　244号），「医師法，歯科医師法及び薬事法の一部を改正する法律の一部を改正する法
　律」（昭和30年8月8日法律第145号）。詳細については，厚生省医務局編・前掲注43）
　409−415頁参照。

58）「薬剤師法」（昭和35年8月10日法律第146号）。厚生省医務局編・前掲注43）618−
　619頁参照。

59）「薬事法」（昭和35年8月10日法律第145号）。厚生省医務局編・前掲注43）616−617
　頁参照。

スタート地点がここにあることを惟みれば，このタイミングを3回目のターニングポイントとすることができよう。

5．医療機器・医療器具と薬事制度

　ここで矛先をやや変えて，医療機器・医療器具について少し触れておこう[60]。先に触れたように，医療器具は明治時代以前からあったものの，19世紀においても，それらは挽臼・箱篩・薬匙・製丸器など主に和漢薬（漢方薬）の調合のための用具であったとされる[61]。明治維新以降，医療現場に登場した新しい医療機器・医療器具は主にドイツからの輸入品であった。もっとも，日露戦争以降，医療機器製造のための基礎技術を構築することができ，第1次世界大戦中，ドイツからの医薬品・医療機器の輸入が途絶えたことを機に，本格的に医療機器の製造に乗りだすようになった[62]。それに応じて法制度も少しずつ姿を現し始

60）なお，公益財団法人医療機器センター「医療機器の開発による医療への貢献」http://www.jaame.or.jp/ken_zai/index.html?row=1（2020年1月31日アクセス）も参照されたい。

61）薬事医療法制研究会編『やさしい医薬品医療機器等法——医療機器・体外診断用医薬品・再生医療等製品編』（じほう，2015年）2頁。

62）例として顕微鏡をあげることができよう。1877（明治10）年以降，輸入が始まり，1907（明治40）年に工業的に量産が開始され，1914（大正3）年以降，国産の顕微鏡が市場を独占した（日本顕微鏡工業会（長野主悦）「顕微鏡の歴史」（http://www.microscope.jp/history/index.html〔2020年1月31日アクセス〕，日本科学史学会編『日本科学技術史大系 第24巻・医学1』（第一法規，1965年）262-266頁）。こうした現象は医療機器だけではなく医薬品でも同様の状況にあった（川上・前掲注39）293-298頁）。医薬品に関しては，輸入途絶により薬品が投機対象となり，医師の日常業務に支障を来したため，政府は1915（大正4）年に「染料医薬品製造奨励法」（大正4年6月21日法律第19号）を公布，さらに同年「工業所有権戦時法」（大正6年7月21日法律第21号）を施行し，ドイツ人のもつ特許権を消滅させ日本で自由に製造できるようにした（小高・前掲注32）236頁，西川・前掲注48）61-69頁）。他の要因もあるが，いずれにせよ第1次世界大戦が，日本の医学・医療・薬学にドイツ依存を脱却させる効果をもたらし，その後，日本の医学が独自のものとして立ち上がることになったとの分析もなされている（小川鼎三『医学の歴史』〔中公新書，1964年〕214頁）。なお，医療機器に関する品質基準については，第1次大戦後，国産メーカー育成を目的として陸軍衛生材

める。1930（昭和5）年の「有害避妊用器具取締規則」[63]や，1937（昭和12）年の「診療用エックス線装置取締規則」[64]などがその例である。その後，GHQ薬事法で，医療機器・医療器具は医薬品と同じ法律の中で規制されるという経緯を辿ることになった。

　なお，GHQ薬事法で医療機器・医療器具に関する規定が薬事法に取り込まれることになったのは，19世紀になっても主に薬種商が取り扱っていたからということが，理由の1つとしてあげられている[65]。

C. 現行法の変遷

　ここからは現行法について見ていくことにする。もっとも，現行法の詳細については後掲の花輪論考に譲り，ここでは現在にいたるまでの流れを中心に俯瞰していくことにする。現行法制定後，主に，①薬害，②海外動向，③政策転回，という3つのファクターがそれぞれ契機となり法の姿と性格が変わっていくという経緯を辿ることになる。

I. 薬害を契機とする変化

　まず，薬害を契機とする変化を見ていくことにしよう。最初に注目すべきは，1961（昭和36）年の国民皆保険制度の実現である。この制度の副次的な結果として，市販薬ではない医療用医薬品の需要が増大し，これまであまり表面化し

　料廠で検査をする制度が設けられた（日本科学史学会編・前掲注39）44-46頁）。

63）「有害避妊用器具取締規則」（昭和5年12月27日内務省令第40号）。

64）「診療用エックス線装置取締規則」（昭和12年8月2日内務省令第32号）。なお，レントゲン装置の日本への導入経緯については，日本科学史学会編・前掲注62）398頁参照。

65）薬事医療法制研究会編・前掲注61）2頁。なお，当時の状況を理解するための資料として，立川昭二『明治医事往来』（新潮社，1986年）113-120頁，日本科学史学会編・前掲注62）386-388頁なども参照されたい。

てこなかった薬害が次々と顕在化するという事象が生じた[66]。その最初の事件がサリドマイド事件であった。

1. サリドマイド事件・スモン事件と対応

サリドマイド事件当時，医薬品の承認審査制度が不完全であり，たとえば，現在ではあたり前の様になされている医薬品の安全性や有効性を事前に厳重にチェックするなどのことは行われていなかった。この事件を契機に，医薬品の安全性の確保が最重要課題として認識されるようになった[67]。

そこでまず，至急の対策として行政指導による対応がとられた。1967（昭和42）年，承認審査の厳格化を図ることを目的として，「医薬品の製造承認等に関する基本方針について」と題する通知[68]により薬務行政の基本指針が示された。具体的には，医薬品の審査方針の統一化・厳格化，医薬品を医療用医薬品と一般用医薬品とに区別して承認審査を行うこと，副作用報告制度の創設の3点である。

この基本方針を契機として，1967年以降，副作用モニター制度（1967年），副作用情報の迅速な収集・評価・伝達を目的とする情報収集体制の整備（1967年），過去に承認された医薬品の有効性・安全性に対する再評価の実施（1971〔昭和46〕年），医薬品の品質管理に関し要件を定める GMP（Good Manufacturing Practice）の策定（1974〔昭和49〕年）[69]を行政指導により，順次，実施していくことに

---

66) 藤井博之「薬害・医原病の多発とその背景」川上武編『戦後日本病人史』（農文協，2002年）331–332頁参照。

67) 後藤真紀子「医薬品の安全性確保の歴史」鈴木利廣＝水口真寿美＝関口正人編『医薬品の安全性と法——薬事法学のすすめ』（エイデル研究所，2015年）25頁。なお，サリドマイド事件，とりわけ法制度に関する取り組みについては川俣修壽『サリドマイド事件全史』（緑風出版，2010年）438頁以下および後掲の花輪論考を参照されたい。

68) 厚生省薬務局長通知「医薬品の製造承認等に関する基本方針について」（昭和42年9月13日薬発第645号）。本通知については，山内一夫「薬務局長通達『医薬品の製造承認等に関する基本方針について』に対する批判」ジュリスト473号（1971年）105頁以下，西川・前掲注48）171–176頁も参照されたい。

69) 厚生省薬務局長通知「医薬品の製造及び品質管理に関する基準について」（昭和49年9月14日薬発第801号）。いわゆる医薬品GMPである。

なる。

　しかしながら，サリドマイド事件後に発生したスモン事件で，国は，司法から医薬品の安全性確保に対する不作為について厳しく批判された[70]。そこで，1979（昭和54）年に医薬品副作用被害救済基金法[71]に基づき医薬品副作用被害救済制度が創設され，副作用被害の未然防止の観点から薬事法の抜本的な改正がなされた[72]。主な改正内容は，これまで行政指導として実施されてきた新薬承認の厳格化・副作用報告・再評価などの施策を体系化したうえで法制化したこと，薬事法第1条に「品質，有効性及び安全性を確保する」という文言が付加され医薬品の安全性確保という目的を新たに明記したこと，の2点である。なお，被害者救済制度の創設とこの改正により，日本の薬事行政は衛生警察的なものから福祉行政的なものへと性格が変化したと評価するものもある[73]。

---

70) 1976（昭和51）年に職権で和解勧告をした東京地裁可部恒雄裁判長は，1977（昭和52）年1月17日に，「昭和45年9月のいわゆる販売中止の行政措置に至るまで，キノホルム剤についての厚生当局の関与の歴史はその有効性および安全性の確認につき何らかの措置をとったことの歴史ではなく，かえって何らの措置もとらなかったことの歴史であるといっても，決して過言ではないであろう。」との見解を示した「東京スモン訴訟における和解案提示についての裁判所の所見」を発表したうえで，「関係法規の改正を含む薬害防止の対策につき，とくに国が中心となって，その体制を確立すること」が必要であると締め括った第1次和解案を提示した。淡路剛久『スモン事件と法』（有斐閣，1981年）78-83頁参照。

71)「医薬品副作用被害救済基金法」（昭和54年10月1日法律第55号）。なお，本法は1987（昭和62）年に改正され「医薬品副作用被害救済・研究振興基金法」となり，1993年（平成5）年に「医薬品副作用被害救済・研究振興調査機構法」となったが，2002年（平成14）年に「独立行政法人医薬品医療機器総合機構法」（平成14年12月20日法律第192号。いわゆるPMDA）が成立したことにより，失効することになった。当初の医薬品副作用被害救済制度の姿については，厚生省薬務局『医薬品副作用被害救済制度の解説』（中央法規，1982年）を参照されたい。

72)「薬事法の一部を改正する法律」（昭和54年10月1日法律第56号）。いわゆる第3次改正である。

73) 中村＝近藤・前掲注48) 41頁。

2. 薬害エイズ事件・ソリブジン事件と対応

次に大きな変化をもたらしたのが，薬害エイズ事件とソリブジン事件である。薬害エイズ事件は，非加熱製剤の危険性が承認当初から指摘されていたにもかかわらず，再審査制度の対象として扱われたこともなく，厚生大臣の承認取消も行われることがなかったという，いわば1979（昭和54）年に改正された薬事法の内容が履行されなかったという制度運用上の問題が1つの原因となり発生した[74]。またソリブジン事件は，治験段階における死亡報告例に対する原因分析等の調査体制上の問題と，承認申請時の申請内容の問題，市販後の情報提供体制の問題という，いわば制度上の瑕疵あるいは欠缺に関する問題が原因の1つとなることによって発生したといえよう[75]。

そこで，1994（平成6）年に厚生省薬務局長・健康政策局長の私的懇談会として医薬品安全性確保対策検討会が設置されると同時に，中央薬事審議会の薬事法改正特別部会において，当該検討会の中間報告をベースとした制度改正の検討が行われた結果，1996（平成8）年に薬事法改正が行われた[76]。主な改正内容として，①治験に関する制度をこれまでの行政指導によるものから省令によるものへと変更し公的関与の強化を図る，②承認審査につき，安全性・有効性に関して十分かつ適切な科学的評価を行うため，欧米諸国と遜色のない審査体制を構築するとともに審査の質の高度化・迅速化・透明化を図る，③市販後の安全対策の強化の一環として，副作用情報の迅速な収集・提供体制の整備・再審査再評価制度を見直す，などをあげることができる。なお，1997（平成9）年には，あわせて添付文書の使用上の注意の記載要領を改訂するという通知が発出された[77]。

---

74) 薬害エイズ事件については，さしあたり東京HIV訴訟弁護団編『薬害エイズ裁判史』（日本評論社，2002年），とりわけ『第3巻 真相究明編』『第5巻 薬害根絶編』を参照されたい。

75) ソリブジン事件については，さしあたり片平洌彦『ノーモア薬害——薬害の歴史に学ぶ』（桐書房，1995年）140−157頁などを参照。

76)「薬事法等の一部を改正する法律」（平成8年6月26日法律第104号）。

77) 厚生省薬務局長通知「医療用医薬品の使用上の注意記載要領について」（平成9年4

3. ヤコブ事件と対応

ヒト乾燥硬膜という生物由来製品を媒介として引き起こされた薬害がヤコブ事件である[78]。薬害エイズ事件でも血液製剤という生物由来製品が媒介となり発生していたこともあり，生物由来製品の安全性確保の重要性が認識されるようになった。2002（平成14）年改正では，生物由来製品に関する制度を新設することによって，この問題に対する対策をとり，あわせて市販後の安全対策の強化を中心とする内容の改正が行われた[79]。

Ⅱ．海外動向を契機とする変化

次に，海外情勢を受けてなされた改正について見ていくことにする。

1. 貿易摩擦

海外との関係による改正として，1983（昭和58）年の改正がある。1981（昭和56）年以降，貿易摩擦問題が激化し，その対象の1つとして医薬品・医療機器があげられていた。1983年は，その解消を目的とした改正が行われた[80]。

2. 国際基準対応

先の薬害の多くが，日本だけではなく海外でも発生していることからわかるように，医薬品の使用はもちろん，その前提となる医薬品の開発承認等の手続も，ある1国だけの手続ではなくグローバルなものとなってきている。そのため，とくに医薬品の承認申請の際に必要とされている，品質・安全性・有効性

月25日薬発第607号）。

78）ヤコブ事件の概要については，薬害ヤコブ病被害者・弁護団全国連絡会議編『薬害ヤコブ病の軌跡――第2巻 被害・運動編』（日本評論社，2004年）177-198頁，とりわけ法改正に関する取り組みについては194頁以下を参照されたい。

79）「薬事法及び採血及び供血あつせん業取締法の一部を改正する法律」（平成14年7月31日法律第96号）。

80）「外国事業者による型式承認等の取得の円滑化のための関係法律の一部を改正する法律」（昭和58年5月25日法律第57号）。なお，MOSS協議については，西川・前掲注48）244-249頁などを参照されたい。

に関するデータや試験方法等の側面で，基準の国際標準化が必要となってきた。
そこで，この点について検討をする組織としてICH（International Conference on
Harmonisation of Technical Requirement for Registration on Pharmaceuticals for Hu-
man Use. 日米EU医薬品規制調和国際会議）が1990（平成2）年に発足し，ICHでの
議論を踏まえ，国際的整合性や科学技術の進展にあわせた医薬品等の承認許可
制度の見直しがなされたのが2002（平成14）年改正であった[81]。その意味で，
2002年改正は国際標準への対応という側面も含む改正であったということも
できよう。

Ⅲ．政策転回を契機とする変化

　政策が非常に強く前面に出てきている改正として，1993（平成5）年・2006（平
成18）年・2013（平成25）年・2019（令和1）年の各改正をあげることができる。

　1993年改正は，到来した高齢社会の医療ニーズにあわせた医薬品と希少疾病
用医薬品の研究開発を推進させることを目的とする改正であった[82]。その象徴
として，この改正では，第1条の目的規定を「品質，有効性及び安全性の確保の
ために必要な規制を行うとともに，医療上特にその必要性が高い医薬品及び医
療用具の研究開発の促進のために必要な措置を講ずることにより，保健衛生の
向上を図る」と改正することにより，品質・有効性・安全性確保のための規制
の実施，保健衛生の向上という目的に加え，研究開発の促進という新たな性格

81）ICHの目的は，「日米EU三極の新医薬品承認申請に要するデータをハーモナイズす
　　ることにより，動物実験及び臨床試験等を繰り返すことを防ぎ，研究開発リソースの
　　効率的な使用を図り，グローバルな新医薬品の研究開発を促進して，優れた新医薬品
　　を一日も早く必要としている患者の下に届けることにある」（但野恭一＝河本光宏
　　「ICHの構成・運営とその成果」日本製薬工業協会ICHプロジェクト委員会編集委員会
　　編『医薬品開発の国際調和の歩み──ICH6まで』〔じほう，2003年〕9頁）にあるとさ
　　れる。
82）「薬事法及び医薬品副作用被害救済・研究振興基金法の一部を改正する法律」（平成
　　5年4月28日法律第27号）。

が盛り込まれることになった。不良医薬品・偽薬に対して規制することを目的としてスタートした現行法であるが，1993年改正では，法の目的にさらに開発促進という新たな目的が追加されたという意味で，医薬品の安全性の確保という目的が追加された1979年改正と同様，法律の性格を変える非常に重要な改正であったと評価することができよう。

1960年の立法以来，一度も改正されてこなかった一般用医薬品の販売制度が初めて改正されたのが2006年改正である[83]。この改正はリスクの程度に応じて一般用医薬品を新たに3つの種類にわけて，区分ごとに販売方法を定めた。振り返ってみれば，この改正は，公的医療費の逼迫に対応することを目的の1つとして導入を図ろうとしている"セルフメディケーション"という政策の事前準備であったと位置づけることもできるだろう。

2019年改正は，1993年改正と2006年改正の延長線上に位置づけられる改正であったと評価可能なように思われる。注目すべきポイントは，①医薬品・医療機器等をより安全・迅速・効率的に提供するための制度改善と，②薬剤師・薬局のあり方の見直しに関する事項の2点であろう。①は審査・承認手続に関する側面を有するものであることから1993年改正の延長線上として，②は，いわゆる病院前のセルフメディケーションを推進するための改正であるということができ，その意味で2006年改正を展開するための改正であるということもできよう[84]。

2013年の改正は政策が大きく反映された改正であった[85]。2013年の政策方針

83）「薬事法の一部を改正する法律」（平成18年6月14日法律第69号）。いわゆる第5次改正である。

84）本改正については，後掲花輪論考とあわせて和泉澤千恵「医薬品，医療機器等の品質，有効性及び安全性の確保等に関する法律」平林勝政＝小西知世＝和泉澤千恵『ナーシング・グラフィカ 健康支援と社会保障④ 看護をめぐる法と制度』（メディカ出版，初版第3刷，2020年）156−161頁を参照されたい。

85）「薬事法等の一部を改正する法律」（平成25年11月27日法律第84号）。本改正については，團野浩編『詳説 薬機法──薬事法から医薬品医療機器法へ』（ドーモ，第3版，

で，不況から脱出し経済・産業を再生させることが主要な政策となり，その具体的な施策の1つとして医療関連産業の活性化があげられた[86]。そこには，「再生医療の推進」「医療機器に係る規制改革の推進」「一般用医薬品のインターネット等販売規制の見直し」という内容が具体的に記されていた。2013年に行われた一連の改正は，これらに関するものであった。

まず，新たな内容を盛り込むことを前提に，法律の目的が改正された。安全対策強化の一環として，第1条に「保健衛生上の危害の発生及び拡大の防止」という文言が付加された。また同時に，これまで「雑則」で規定されていた安全性に関する関係規定が，新たに設置された「医薬品等の安全対策」の章（11章）に移され，再編された。

次に，再生医療に関する改正がなされた。再生医療については，「再生医療推進法」[87]，「再生医療安全性確保法」[88]という2つの特別法が立法され，同時に薬事法では，新たに「再生医療等製品」というカテゴリーを新設し規制対象としていくことになった[89]。

販売方法についても改正された。同年1月に最高裁判決において，一般用医薬品のインターネット販売につき，薬事法の趣旨から一律に禁止していると解するのは困難であるとの判断が示された[90]ことをうけ，2013年の改正では医

2014年），薬事医療法制研究会編『医薬品医療機器等法——医薬品ネット販売関連法のすべてがわかる 早わかり改正薬事法のポイント』（じほう，2014年）など参照のこと。

86）内閣府「経済財政運営と改革の基本方針——脱デフレ・経済再生」（平成25年6月14日閣議決定）https://www5.cao.go.jp/keizai-shimon/kaigi/cabinet/2013/2013_basicpolicies.pdf（2020年1月31日アクセス）

87）「再生医療を国民が迅速かつ安全に受けられるようにするための施策の総合的な推進に関する法律」（平成25年5月10日法律第13号）。

88）「再生医療等の安全性の確保等に関する法律」（平成25年11月27日法律第85号）。

89）なお，日本では医薬品でも医療機器でもない，独立したカテゴリーとして規制することになった再生医療等製品は，アメリカでは「生物学的製剤」もしくは「医療機器」，EUでは「医薬品」に位置づける形で規制されている。

90）最二小平成25年1月11日民集67巻1号1頁。

薬品の区分を見直し，新たに「薬局医薬品」「要指導医薬品」「一般用医薬品」という3つの区分にわけ，各区分ごとに販売方法が規定されることになった。

　今ひとつは，医療機器に関する改正であった。この点につき，やや遡る形で触れようと思う。

Ⅳ．医療機器・医療器具に関する変化 [91]

　1960（昭和35）年当時，医療の場で用いられるツールは，聴診器・注射器・カテーテル・体温計・手術用メスなどの医療器具が中心であり，そもそも医療機器と呼ばれるようなものは顕微鏡や麻酔器，レントゲン撮影装置や歯科用治療器具ぐらいしかなかったと言われている [92]。それゆえ，医療器具に関する規定は，1960年の立法当時から法改正をともなわない運用改善による対応で済まされてきた。しかし，60年代後半には人工心肺装置，70年代になると，ペースメーカーなどの体内埋入機器や内視鏡・人工腎臓装置，CTスキャナー，超音波診断装置，80年代 [93] にはMRI診断装置やレーザーメス，90年代には補助人工心臓やラパロスコープなどが開発された結果，医療器具というコンセプトに収まりきれない機器が医療の現場で普及し使用されるようになってきた [94]。

91）本項は，中野壮陛「特集のねらい」医療機器学85巻1号（2015年）22-24頁によるところが多い。

92）なお，現在，一般的なものとなっているディスポーザブル医療機器が使用され始めたのは，1960（昭和35）年頃の注射針とプラスチック製注射筒であるとされている（日本医療器材工業会『プラスチック製医療機器入門——材料・種類・用途から滅菌・薬事法まで』〔三光出版社，第7版，2012年〕）。

93）病院電気設備の安全基準や医用電気機器の安全通則・医用電気機器用語など，現在の病院電気設備や医用電気機器に関するJIS規格が設置されたのは，この80年代である。

94）箭内博行＝中野壮陛「医療機器技術の進歩の歴史」電気設備学会誌25巻5号（2005年）309-312頁参照。なお，日本医療機器テクノロジー協会『医療機器今昔物語総集編』（2016年，https://www.mtjapan.or.jp/jp/mtj/konjaku/pdf/1604.pdf〔2020年1月31日アクセス〕）も参照されたい。

そこで，1994（平成6）年，医療機器に関する最初の抜本的な改正が行われることになった。本改正は，1991（平成3）年，当時の厚生省に設置された医療機器政策検討会の答申に基づき行われ[95]，その際，医療用具の一般的名称と分類に関する通知を発出しつつ[96]，新医療用具の再審査制度や再評価制度の導入など医療用具の審査体制の強化に関する改正，医療用具の適正使用のため製造業者等に保守点検に関する添付文書の義務づけ，品質の確保，有効性安全性の確保の充実・強化などが実施された[97]。

2002（平成14）年には，医療機器の安全対策について抜本的な見直しを図る。まず，リスクに応じたクラス分類を導入し，告示による規制を始めた。さらに医療機器の賃貸業，保守管理業，修理業等に関する事項についても規定することになった。この改正は，1994年改正以後，運用で実施していたものを法制化し，GHTF会議（Global Harmonization Task Force）[98]やEU，FDAの制度等を参考に審査の充実と安全性の確保が図られたものであり[99]，あわせてこの2002年改正により，「医療用具」から「医療機器」へと呼称が変更されることになった。

2013（平成25）年改正では，医療機器を医薬品の規定から独立させ，医療機器および製造販売の定義の見直しをしつつ，医薬品とは異なる医療機器固有の特性[100]を踏まえた規制をするために，新たに「医療機器及び体外診断用医薬品の

95）中野・前掲注91）22頁。

96）厚生省薬務局長通知「医療用具の一般的名称と分類について」（平成7年11月1日薬発第1008号）。

97）ここには，医療機器規制の国際整合化が検討されはじめたことが背景にあるとされる。佐藤智晶「医療機器に対する欧米の薬事規制変遷」財団法人医療機器センター附属医療機器産業研究所リサーチペーパー No. 6（http://www.jaame.or.jp/mdsi/mdsirp-files/mdsirp006_summary.pdf〔2020年1月31日アクセス〕）参照。

98）現在のIMDRF（International Medical Device Regulators Forum）である。

99）中野・前掲注91）23頁。

100）具体的には，「1. 医療機器は，臨床現場での実際の使用を通じて，実用化される，2. 医療機器は，絶えず改良・改善がおこなわれ，一製品あたりの寿命が短い，3. 医療機

製造販売業及び製造業等」という章を新設した。このことを踏まえ，薬事法は「医薬品，医療機器等の品質，有効性及び安全性の確保等に関する法律」へと名称を変更することになった。

　また，高度管理医療機器の一部に第三者認証制度の導入，QMS調査を個別製品から製品群に見直すなどの改正もなされ，さらに，これまで単体では医療機器の対象とされてこなかった，疾病診断用プログラム・疾病治療用プログラム・疾病予防用プログラムなどのソフトウェアが，この改正で医療機器として含まれるようになった[101]。

　かくして，日本の薬事制度は，2013（平成25）年に，医薬品だけではなく，医療機器・再生医療等製品も含めた，薬事制度に関する本当の意味での包括的な基本法規へとその姿を変えることになった。その限りで，日本の薬事制度は4回目のターニングポイントを迎えたと評価することができるだろう[102]。

器の有効性・安全性は医師などの技能に依る部分が大きく，かつ，臨床現場では，少量多品目が使用されている」という特徴があるとされる（中野・前掲注91）24頁）。

101）この背景には，医療用AIなどの医療の場におけるICTの開発・導入・活用という政策が，少なからず関わっているように感じられる。この点については，「保健医療2035」策定懇談会『保健医療2035提言書』（2015年，https://www.mhlw.go.jp/file/04-Houdouhappyou-12601000-Seisakutoukatsukan-Sanjikanshitsu_Shakaihoshoutantou/0000088647.pdf〔2020年1月31日アクセス〕），保健医療分野におけるICT活用推進懇談会提言『ICTを活用した「次世代型保健医療システム」の構築に向けて――データを「つくる」・「つなげる」・「ひらく」』（2016年，https://www.mhlw.go.jp/file/05-Shingikai-12601000-Seisakutoukatsukan-Sanjikanshitsu_Shakaihoshoutantou/0000140306.pdf〔2020年1月31日アクセス〕），保健医療分野におけるAI活用推進懇談会『保健医療分野におけるAI活用推進懇談会報告書』（2017年，https://www.mhlw.go.jp/file/05-Shingikai-10601000-Daijinkanboukouseikagakuka-Kouseikagakuka/0000169230.pdf〔2020年1月31日アクセス〕）などを参照されたい。

102）なお，医療機器に関するこれまでの動向から，2020年から2025年頃に改正をともなう議論がなされるのではないかとの予想が示されている（中野・前掲注91）24頁）。

D. 現行法の俯瞰と整理

　最後に，現行法の枠組を簡単に整理したうえで，検討が必要だと思われる点をいくつか指摘して，本稿を終えようと思う。

I. 法の目的について

　まず，法の目的である。立法当初，現行法は「医薬品，医薬部外品，化粧品及び医療用具に関する事項を規制し，その適正をはかる」ことのみを目的としていたが，現在では，品質・有効性・安全性を確保し，保健衛生上の危害が発生すること，および拡大することを防止するための規制を行うだけではなく，研究開発の促進をもその射程に収めている。

　この目的の射程範囲の拡大には，主に薬害に対する反省があった。そして，このような問題が発生した場合，行政指導により即時の対応を実施し，その後，法改正により，行政指導の内容が法律内に取り込む，という対応プロセスが確立しているように見受けられよう。

II. 規制方法について

　次に，法律の規制対象と規制方法である。現行法は，基本的に，3つの側面から規制をかけている。

　1つ目は，①医薬品や医療機器など対象物そのものの有効性・安全性をチェックする規制である。2つ目は，②それを製造し販売しようとする者に対する製造能力・品質や安全性等の管理能力をチェックする規制である。3つ目は，③医薬品についてのみある規制であるが，薬局や店舗で医薬品を販売する際，医薬品の類型にしたがった販売方法と販売従事者を配置するための規制がある。かくして，現行法のシステムを理解するためには，規制される対象物と対象者を，フェーズごとに相関的に理解していくことが必要になる。そこで，ここでは簡潔にそれぞれの要素について触れることにする。

1. 規制される対象物

対象物という観点からみた場合，歴史的に，①医薬品，②医薬部外品，③化粧品，④医療機器，⑤指定薬物，⑥再生医療等製品が，順次，対象とされてきた。②③④は，各種法令がこの法律に統合される過程で盛り込まれることになり，⑤⑥は時代の変化にともなって追加された対象ということができよう。

医薬品は，Ⓐ薬局医薬品，Ⓑ要指導医薬品，Ⓒ一般用医薬品があり，一般用医薬品にはさらに，ⓐ第一類医薬品，ⓑ第二類医薬品，ⓒ第三類医薬品の3種類が規定されている。

医療機器は，機器のリスクごとにⅠ高度管理医療機器，Ⅱ管理医療機器，Ⅲ一般医療機器という3類型が規定されており，再生医療製品は，政令で，ⅰヒト体細胞加工製品，ⅱ動物細胞加工製品，ⅲ遺伝子治療用製品の3種類にカテゴライズされている。

2. 規制対象者

医薬品・医療機器・再生医療等製品の，どの対象物においても，製造販売業者・製造業者に対する規制がかけられている。

医療機器については，製造販売業につき先の類型ごとに第一種から第三種の厚生労働大臣の許可が必要となっているが，製造業者については登録だけで十分となっている。再生医療等製品については，製造販売業も製造業も厚労大臣の許可が必要である（なお，製造業については，製品の製造工程の全部または一部を行う業者と，製造工程のうち包装・表示・保管のみを行う業者に区分されている）。

医薬品に関しては，製造販売業者も製造業者も許可が必要である。処方箋医薬品に対する製造販売業者は第一種，それ以外の医薬品に対する製造販売業者は第二種，製造業については，生物学的製剤，放射性医薬品，無菌医薬品など，医薬品の区分に応じた許可が必要となっている。

また，薬局または店舗での医薬品販売には，薬剤師と登録販売者が従事するという規制がかけられている。

Ⅲ. 時的側面からの整理

　医薬品・医療機器・再生医療等製品の規制を，時系列からみた場合，大きく①研究開発段階における規制，②製造・販売承認・許可段階の規制，③製造販売段階の規制，という3つのフェーズがある。それぞれ，①ではGLP (Good Laboratory Practice)[103]，GCP (Good Clinical Practice)[104]，②ではGMP (Good Manufacturing Practice)[105]，GCTP (Good Gene, Cellular, and Tissue-based Products Manufac-

---

103）医薬品GLPは，厚生省薬務局長発「医薬品の安全性試験の実施に関する基準」（昭和57年3月31日薬発第313号）から始まり，1997（平成9）年に「医薬品の安全性に関する非臨床試験の実施の基準に関する省令」（平成9年3月26日厚生省令第21号）となった。医療機器GLPは2005（平成17）年に「医療機器の安全性に関する非臨床試験の実施の基準に関する省令」（平成17年3月23日厚生労働省令第37号）として，再生医療等製品については，2014（平成26）年に「再生医療等製品の安全性に関する非臨床試験の実施の基準に関する省令」（平成26年7月30日厚生労働省令第88号）として規定されている。

104）医薬品GCPは，1989年に厚生省薬務局長通知「医薬品の臨床試験の実施に関する基準」（平成元年10月2日薬発第874号）としてスタートし，1997（平成9）年に「医薬品の臨床試験の実施の基準に関する省令」（平成9年3月27日厚生省令第28号）となる。医療機器については，2005（平成17）年に「医療機器の臨床試験の実施の基準に関する省令」（平成17年3月23日厚生労働省令第36号）として，再生医療等製品については，2014（平成26）年に「再生医療等製品の臨床試験の実施の基準に関する省令」（平成26年7月30日厚生労働省令第89号）として定められた。

105）医薬品GMPは，1974年の厚生省薬務局長通知「医薬品の製造及び品質管理に関する基準」（薬務局長通知昭和49年9月14日薬発801号）から1980（昭和55）年に「医薬品の製造管理及び品質管理規則」（昭和55年8月16日厚生省令第31号）となり，1994（平成6）年「医薬品の製造管理及び品質管理規則」（平成6年1月27日厚生省令第3号）となったことにより80年省令廃止，94年省令も1999（平成11）年に全面改定され「医薬品及び医薬部外品の製造管理及び品質管理規則」（平成11年3月12日厚生省令第16号）となったが，2004（平成16）年に再度全面改定・廃止。「医薬品及び医薬部外品の製造管理及び品質管理の基準に関する省令」（平成16年12月24日厚生労働省令第179号）として，現在に至っている。

turing Practice) [106], GQP (Good Quality Practice) [107], QMS (Quality Management System) [108], ③ではGVP (Good Vigilance Practice) [109], GPSP (Good Post-marketing Study Practice) [110] が省令で規定されている。

Ⅳ．検討が必要な論点

まず，「安全」という問題である。現行法において，その姿と性格が大きく変化していく契機となった原因の1つに薬害訴訟があった。それゆえに，一見すると，日本の薬事制度は，安全というものに対して無頓着であり何も考えてこなかったかのように感じられよう。しかし，沿革を振り返ってみると，必ずしもそうではないことがわかる。

明治時代も，第2次世界大戦後も，不良粗悪な医薬品が蔓延しているという

---

106) GCTPは再生医療等製品に関するものであり2014 (平成26) 年に「再生医療等製品の製造管理及び品質管理の基準に関する省令」（平成26年8月6日厚生労働省令第93号）として定められている。

107) 2004 (平成16) 年に「医薬品，医薬部外品，化粧品及び再生医療等製品の品質管理の基準に関する省令」（平成16年9月22日厚生労働省令第136号）として定められている。

108) 2004 (平成16) 年に「医療機器及び体外診断用医薬品の製造管理及び品質管理の基準に関する省令」（平成16年12月17日厚生労働省令第169号）として定められている。

109) 2004 (平成16) 年に「医薬品，医薬部外品，化粧品及び医療機器の製造販売後安全管理の基準に関する省令」（平成16年9月22日厚生労働省令第135号）として定められた。なお，それまでは，1997 (平成9) 年に定められたGPMSP省令「医薬品の市販後調査の基準に関する省令」（平成9年3月10日厚生省令第10号）に基づき実施されていたが，医薬品の安全管理に関してはGVP，調査や試験に関してはGPSPへと分離させる形で内容が整理され，それらが新たに規定されたことにより廃止された。

110) 2004 (平成16) 年，医薬品に関しては「医薬品の製造販売後の調査及び試験の実施の基準に関する省令」（平成16年12月20日厚生労働省令第171号），医療機器に関しては2005 (平成17) 年に「医療機器の製造販売後の調査及び試験の実施の基準に関する省令」（平成17年3月23日厚生労働省令第38号）が，再生医療等製品については2014 (平成26) 年に「再生医療等製品の製造販売後の調査及び試験の実施の基準に関する省令」（平成26年7月30日厚生労働省令第90号）が規定されている。

社会状況があった。そこで，それらの医薬品がもたらす危険性を排除する形で，医薬品の質と安全性を担保するために立法されたのが「売薬規則」であり「薬品営業並薬品取扱規則」であり「薬事法」であったと評価することができると思われる。しかしながら，サリドマイド事件以降の一連の薬害事件を媒介として，医薬品の副作用による被害の防止という，従来とは異なった角度から安全に対する議論が展開され法律が改正されてきたという側面があった。ここには，おそらく同じ安全という言葉を用いているにもかかわらず，その内容と質には，相当大きな違いがあるように感じられる。たとえば，「製薬企業等に医薬品の安全性を確保させる」というスタンスと，「患者が医薬品の副作用により被害者となることを防止する」というスタンスは，どちらも「安全性を確保する・保証する」というコンセプトの中に位置づけられるスタンスであると思われるが，そこに含まれているニュアンスやウェイトが置かれている軸足は，大きな違いがあるのではなかろうか。どのようなスタンスをとるべきなのか？ ビックデータやAI等の利用により医薬品開発・医療機器開発のスタイルも技術的な進歩も大きな変貌を遂げようとしている現在，今後どうあるべきなのか？ あらためてこの問題について考えなければならない時期がきているのではないかと思われる[111]。

　いまひとつは，安全を実現するための手段の問題である。日本では，しばしば行政指導という方法が用いられる。サリドマイド事件のときに典型的に姿を現した方法である。行政指導という手段は，時代の要請に即応しつつ柔軟に対応することができ，個々具体的に適切な処置をも可能にするというメリットがある。確かに，立法作業や改正手続に時間がかかる日本において即時の対応が要求されるとき，有効な手段であろう。しかし，行政指導は法的拘束力に乏しく実効性が担保しえないなどの問題も抱えている。それゆえに，1979（昭和54）

111）阿部泰隆「日本薬事法制の問題点」北川善太郎＝ペーター・バドゥーラ編『日独シンポジウム報告書 医薬品問題と消費者』（日本評論社，1979年）63-65頁においても同様の問題が指摘されている。

年の改正が実施され公的関与の強化が図られたわけであるが，これまでどのような手段が用いられてきたのか，どのような部分がどの程度効果的であったのかなどにつき，いまあらためて個別具体的な検証が行われなければならない必要性が感じられる[112]。

　もっとも，薬害エイズ事件で，1979年改正が空疎なものと堕していたという現実が存在していた。真の問題は，制度構築如何にあるのではなく，制度運用に関わる関係者すべての深淵に通奏低音として流れているもの，ではないかということを最後に指摘しておきたいと思う[113]。

【付記】

本稿はもとより，本稿の元となっているシンポジウムの準備過程において，数々の御助言・御示唆をくださった十万佐知子（武庫川女子大学薬学部専任講師・明治大学ELM客員研究員）・石野智大（明治大学文学部兼任講師・明治大学ELM客員研究員）の両先生のお名前をここに記すことにより，心からの御礼を申し上げようと思う。

112）阿部・前掲注111）66－69頁においても同様の問題が指摘されている。

113）この点については議論の領域と次元は異なるが，秋元美世「福祉契約の特質と課題をめぐって」週刊社会保障2214号（2002年）20頁，小西知世「契約による福祉と事業者の応諾義務──医師の応招義務を類比して」新井誠＝秋元美世＝本沢巳代子編『福祉契約と利用者の権利擁護』（日本加除出版，2006年）14－15頁を参照されたい。

【薬事制度の主な変遷：古代～終戦】

時代区分	詳細年	医薬品に関する出来事	医療機器に関する出来事
古墳時代 (3C中後半 ～7C)	414	《新羅から医師が来日》	
	554	《百済から採薬師が来日》	
	562	《智聡が朝鮮半島経由で中国の医薬書をもたらす》	
飛鳥時代 (592～710)	593	(施薬院で薬草栽培)	
	630	《遣唐使が中国(唐)から医療制度・医療(医薬書)をもたらす》	
	701	「大宝律令」(医疾令)	「鍼治療用の鍼」
奈良時代 (710～794)	718	「養老律令」(医疾令)	
	730	(施薬院設置)	
	756	『種々薬帳』	
平安時代 (794～1185)	799	『薬経太素』	
	918	『本草和名』	
	984	『医心方』	
鎌倉時代 (1185～ 1333)		《軍陣外科(金創医学)が発達》	
	1214	『喫茶養生記』	
	1303	『頓医抄』	
	1315	『万安方』	
室町時代 (1336～ 1573)	1362	『福田方』	
安土桃山時代 (1573～ 1603)		(創傷・腫瘍の膏薬外科主体)	(縫合用の針)
	1557	《ルイス・デ・アルメイダが病院を開設》	
江戸時代 (前期:1603 ～1709)		(本草学の時代・売薬が発展する)	
	1638	(高田御薬園・麻布御薬園開設)	
	1658	「贋薬種売買禁止令」	
	1683	(奥医師制度確立)	
	1708	『大和本草』	
(中期:1710 ～1809)		《洋学(蘭方医学)解禁・和漢医学の確立》	
		(薬草・生薬の国産化と価格安定, 贋薬防止)	(長崎出島から外科医療機器を輸入)
	1722	「和薬種6ヶ条」・和薬改会所設置	
	1774	《「解体新書」刊行》	
(後期:1810 ～1867)	1823	《シーボルト来日:1829まで》	
			(シーボルト：産科・眼科・歯科などの医療機器を持ちこむ)
	1835		(針屋平兵衛が外科用器具の製作販売をする)
	1838	《適塾開校》	
	1839		(いわしや藤右衛門が外科用器具の製作販売をする)
	1848		(聴診器が長崎に持ち込まれる)
	1849	《佐賀藩に種痘所開設》	
	1857	《ポンペ来日》	
	1859	《シーボルト再来日:1862まで》	
明治時代 (1868～ 1912)			(ドイツの輸入品が中心)
	1868	《「西洋医術採用方建白」「西洋医術ノ所長ヲ採用ス」》	
		《ドイツ医学の導入を決定》	
	1870	「販売鴉片烟律」 「生鴉片取扱規則」 「売薬取締規則」	

	1871	《岩倉遣欧使節団派遣，ミュルレル・ホフマン来日》	
		《「医制」制定：1875に改正》	
	1874	「東京司薬場設立ニツキ達」 「毒薬劇薬取締方」 「贋薬，敗薬取締方」	
	1875	「薬舗開業試験施行ノ件」	
	1876	「製薬免許手続」 「薬用阿片売買並製造規則」	
	1877	「売薬規則」 「毒薬劇薬取扱規則」	
	1880	「薬品取扱規則」	
	1882	「売薬印紙税規則」	
	1886	「日本薬局方創定」	
	1889	「薬品営業並薬品取扱規則」 「薬剤師試験規則」 「薬品巡視規則」	
	1897	「阿片法」	
	1903	「痘苗及血清其他細菌学的予防治療品製造取締規則」	
	1907	「何レノ薬局方ニモ記載セサル薬品又ハ製剤取締ニ関スル件」	（この頃に，医療機器製造の基礎ができる）
	1909	「売薬免許ノ際注意方ノ件」	
大正時代 （1912～ 1926）	1912	「毒物劇物営業取締規則」	
	1914	「売薬法」	
	1915	「染料医薬品製造奨励法」	
	1920	「モルヒネ，コカイン及其ノ塩類ノ取締ニ関スル件」	
	1922		（シーメンス製・ビクター社製の診断機器・ 物理療法の機器などを輸入）
	1925	「薬剤師法」	
昭和時代 （戦前：1926 ～1945）	1930	「麻薬取締規則」	「有害避妊具取締規則」
	1932	「売薬部外品取締規則」 「医薬品及歯科材料製造研究奨励金公布規則」	
	1937		「診療用エックス線装置取締規則」
	1938	「物品販売価格取締規則」	
	1939	「価格等統制令」	
	1941	「医薬品統制規則」 「医薬品及衛生材料生産配給統制規則」	
	1942	「国民医療法」	
	1943	「薬事法」（戦時薬事法）	

【薬事制度の主な変遷：終戦～現在】

時代区分	詳細年	重要法令等	主な内容	出来事
昭和時代 （戦後： 1945～ 1989）	1945			▷GHQ設置
	1946	▷「麻薬取締規則」制定		
	1947	▷「大麻取締規則」制定 ▷「毒物劇物営業取締法」制定 ▷「医薬部外品等取締法」制定		
	1948	▷「麻薬取締法」制定（GHQ麻薬取締法） ▷「大麻取締法」制定 ▷「薬事法」制定（GHQ薬事法）	▷GHQ薬事法：衛生警察法的な性格（不良医薬品・偽医薬品の取締目的），医療用具・化粧品・薬剤師に関する事項も法の射程内に収める	
	1949			▷米国薬剤師協会使節団勧告書提出～医薬分業の実施を勧告
	1950	▷「毒物及び劇物取締法」制定（現行法）		
	1951	▷GHQ薬事法昭和26年改正 ▷「覚せい剤取締法」制定（現行法）	▷GHQ薬事法：医薬分業を盛り込む改正（1954年に延期）	
	1952			▷GHQ活動終了・解体
	1953	▷「麻薬取締法」制定（現行法）		
	1954	▷「あへん法」制定（現行法）		
	1955	▷GHQ薬事法昭和30年改正	▷GHQ薬事法：医薬分業を盛り込む改正（罰則あり）	
	1960	▷GHQ薬事法廃止・「薬事法」制定（現行法） ▷「薬剤師法」制定（現行法）		▷WHOが加盟各国に医薬品副作用国内モニター制度の確立を勧告する
	1961			▷サリドマイド事件発生
	1962			▷クロロキン事件発生
	1963	▷薬事法第1次改正		▷サリドマイド事件訴訟
	1967	▷「医薬品の製造承認等に関する基本方針について」（薬務局長通知昭和42年9月13日薬発第645号）	▷基本方針：①医薬品の審査方針の統一化・厳格化，②医療用医薬品・一般用医薬品の区分，③副作用報告	▷副作用モニター制度開始
	1971	▷「薬効問題懇談会の答申について」（薬務局長昭和46年7月7日薬発第610号）	▷通知：第1次再評価制度	▷スモン事件訴訟 ▷クロロキン事件訴訟 ▷製薬企業からの副作用報告制度開始
	1972			▷WHO国際医薬品モニター制度参加
	1974	▷「医薬品の製造及び品質管理に関する基準」（薬務局長通知昭和49年9月14日薬発第801号）（医薬品GMP）		▷サリドマイド事件和解
	1975	▷薬事法第2次改正		
	1978			▷薬局モニター制度開始

	1979	▷薬事法第3次改正	▷薬事法：行政指導の取込み改正（①医薬品承認審査の厳格化，②副作用報告，③新薬の再審査制度，④医薬品の再評価制度），目的に医薬品の安全性確保を明示など　→薬事法の福祉法的性格への変化	▷スモン訴訟和解
		▷「医薬品副作用被害救済基金法」制定	▷基金法：医薬品による健康被害の迅速な救済を目的	
	1980	▷「医薬品の製造管理及び品質管理規則」（医薬品GMP省令）		
	1982	▷「医薬品の安全性試験の実施に関する基準」（昭和57年3月31日薬発第313号）（医薬品GLP）		
	1983	▷薬事法一部改正	▷薬事法：貿易摩擦の解消〜外国事業者直接承認，輸入販売承認制度化	▷薬害エイズ事件発生
	1985	▷「医療用医薬品再評価の実施について」（薬務局長通知昭和60年1月7日薬発第4号）	▷通知：第2次再評価制度	▷MOSS協議（規制緩和，規格・基準等の作成過程の透明化など）
	1987	▷「医薬品副作用被害救済基金法」改正（「医薬品副作用被害救済・研究振興基金法」）	▷振興基金法：国民健康の保持増進に寄与する医薬品技術等の開発を振興する目的を付加	▷ヤコブ事件発生
	1988	▷「医療用医薬品再評価の実施について」（薬務局長通知昭和63年5月30日薬発第456号）	▷通知：新再評価制度	▷クロロキン事件和解
平成時代（1989〜2019）	1989	▷「医薬品の臨床試験の実施に関する基準」（薬務局長通知平成元年10月2日薬発第874号）（医薬品GCP）		▷薬害エイズ事件訴訟
	1990			▷ICH発足
	1993	▷薬事法一部改正	▷薬事法：目的に「医薬品等の研究開発促進」という性格の付加，審査体制の改善など　→法の性格の変化	▷ソリブジン事件発生
		▷医薬品副作用被害救済・研究振興基金法改正（医薬品副作用被害救済・研究振興調査機構法」）	▷基金法：医薬品等の品質，有効性・安全性の向上に資する調査等の業務が追加	
	1994	▷薬事法第4次改正	▷薬事法：医療機器の再審査・再評価制度の導入，添付文書義務付け，販売業者の届出，賃貸・修理業者の規制，承認審査の一部の委託　→医療機器のリスクごとのクラス分類を通達で実施	▷ソリブジン事件示談
		▷「医薬品の製造管理及び品質管理規則」（医薬品GMP省令）		
	1996	▷薬事法一部改正	▷薬事法：治験の充実，承認審査の充実，市販後安全対策の充実	▷薬害エイズ事件和解 ▷ヤコブ事件訴訟
	1997	▷「医薬品の臨床試験の実施の基準に関する省令」（医薬品GCP省令） ▷「医薬品の安全性に関する非臨床試験の実施の基準に関する省令」（医薬品GLP省令） ▷「医薬品の市販後調査の基準に関する省令」（医薬品GPMSP） ▷「医療用医薬品の使用上の注意記載要領について」（薬務局長通知平成9年4月25日薬発第607号）	▷平成9年通知：添付文書記載要領改訂	

年			
1999	▷「医薬品及び医薬部外品の製造管理及び品質管理規則」(医薬品GMP省令)		
2002	▷薬事法一部改正 ▷「独立行政法人医薬品医療機器総合機構法」制定	▷薬事法：①市販後安全対策の充実，②製造販売承認・許可制度の見直し，③医療機器（医療用具→医療機器）・生物由来製品の安全対策の強化	▷ヤコブ事件訴訟和解
2004	▷「医薬品の製造販売後の調査及び試験の実施の基準に関する省令」(医薬品GPSP省令) ▷「医薬品及び医薬部外品の製造管理及び品質管理の基準に関する省令」(医薬品GMP省令) ▷「医療機器及び体外診断用医薬品の製造管理及び品質管理の基準に関する省令」(QMS省令) ▷「医薬品，医薬部外品，化粧品及び再生医療等製品の品質管理の基準に関する省令」(GQP省令) ▷「医薬品，医薬部外品，化粧品及び医療機器の製造販売後安全管理の基準に関する省令」(GVP省令) ▷「薬事法第2条第5項から第7項までの規定により厚生労働大臣が指定する高度管理医療機器，管理医療機器及び一般医療機器」(平成16年厚労省告示第298号) ▷「薬事法第2条第8項の規定により厚生労働大臣が指定する特定保守管理医療機器」(告示第297号) ▷「薬事法施行規則第93条第1項の規定により厚生労働大臣が指定する設置管理医療機器」(告示第335号) ▷「独立行政法人医薬基盤研究所法」		▷医薬品医療機器総合機構（PMDA）設立
2005	▷「医療機器の安全性に関する非臨床試験の実施の基準に関する省令」(医療機器GLP省令) ▷「医療機器の臨床試験の実施の基準に関する省令」(医療機器GCP省令) ▷「医療機器の製造販売後の調査及び試験の実施の基準に関する省令」(医療機器GPSP省令)		
2006	▷薬事法第5次改正	▷薬事法：GCPの内容の見直しと法制化，治験届のチェック制度・承認審査関連・GPMSPの法制化・情報提供などの法制化，一般用医薬品の区分・小売販売制度の改正	
2013	▷薬事法一部改正 ▷「再生医療を国民が迅速かつ安全に受けられるようにするための施策の総合的な推進に関する法律」制定 ▷「再生医療等の安全性の確保等に関する法律」制定	▷薬事法：①名称変更「医薬品，医療機器等の品質，有効性及び安全性の確保等に関する法律」，②安全性等に関する規程の強化・明確化，③再生医療等製品を規制対象に追加，④医療機器に関する規制を医薬品の規定から独立・整備	

日本の薬事制度の素描──薬事法の沿革を中心に　77

	2014	▷薬事法（薬機法）第6次改正 ▷「再生医療等製品の安全性に関する非臨床試験の実施の基準に関する省令」（再生医療等製品GLP省令） ▷「再生医療等製品の臨床試験の実施の基準に関する省令」（再生医療等製品GCP省令） ▷「再生医療等製品の製造販売後の調査及び試験の実施の基準に関する省令」（再生医療等製品GPSP省令） ▷「再生医療等製品の製造管理及び品質管理の基準に関する省令」（GCTP省令）		
令和時代 （2019年 〜現在）	2019	▷「医薬品，医療機器等の品質，有効性及び安全性の確保等に関する法律等の一部を改正する法律」（令和元年12月4日法律第63号）による改正		

第 2 部
医薬品の規制をめぐる制度

産業的観点によるEUの医薬品の許認可

エルマー・ヘルナー 　　　　（横沢亘 訳）

導入

　企業の実務において，純粋な国内での許認可手続と法的要件はその重要性をわずかに持つにすぎない。ここ数年間で，EU加盟国内の製造者及び／または許認可権者としての役割の中で，医薬品許認可並びに製薬企業の活動・義務につき，提出されるべきデータに対する国内の法的基盤及び請求の調和が増大してきた。とりわけ，革新的な医薬品について，中央審査手続（C. II. 参照）は，その間，許認可に関して一般的な，その上，統一的に可能な方法となった。

　そのため，本報告では，ヨーロッパの情勢における医薬品の許認可に目を向け，それと併せて，患者のために促進される医薬品へのアクセスの，近年そして将来の展開に焦点をあてることにする。

A. EUにおける医薬品規制の基礎

　欧州経済領域（EWR, European Economic Area［英略称：EEA］）は，目下，欧州連合（EU）の28の加盟国（イギリス離脱後は27か国）並びにリヒテンシュタイン・ノルウェーといった提携国から構成されている。この経済領域内で，5億1,200

万人が生活し，24の公用語が用いられている。

　EUにおける中心的な機関は，欧州議会（EP），欧州連合理事会（Council of the European Union）及び欧州委員会（EK, European Comission［英略称：EC］）である。これらの機関は連携する中で，第二次法，ここでは特に諸規則（Regulation），諸指令（Directives）及び諸決定（Decisions）についての権限を持っている。その際，指令は趣旨や目的にしたがい，一定の期限を遵守して国内法に置き換えられなければならないのに対し，規則は全ての加盟国につき直接的に法的拘束力を持つ。諸決定は個別の事例に妥当し，行政行為の機能を果たす。決定の1例となるのは，中央的に付与される医薬品の許認可である。

　この法規の結びつきと並んで，医薬品及び医療機器の発展及び許認可に関する多数の指導原理（GuidlineあるいはGuidance）が存在する。この学術上の推薦または手続特有の解説は何等拘束力を持たない。当局はそれとは異なり，むしろ，他の発展的手続及びデータを要求する。

　欧州医薬品庁（European Medicines Agency［英略称：EMA］）は公共の保健を確保するために創設され，イギリス脱退が提案されるまでロンドンにあった。2019年3月に本庁がアムステルダム内の新たな場所でその業務を開始し，2020年初めに最終的な建物に入ることになる。とりわけ本庁は7つの委員会と多数のワーキンググループから構成されており，そして同時に，国内の許認可当局の学術的リソースにも接している（図1参照）。特に，本庁の重要な職務領域は，人・動物に対する医薬品の評価への学術的助言付与や医薬品の監視である。

　加盟諸国の各国内の医薬品当局は，毎月欧州医薬品庁によって開催され，中心的でないと認定された医薬品に関する問題を審議・決定するコーディネートグループ（Co-ordination Group for Mutual Recognition & Decentralized Procedures – Human [CMDh]）と提携している。

　各加盟諸国は諸委員会に投票権のある構成員を少なくとも1人派遣する。アイスランド，リヒテンシュタイン，ノルウェーの加盟諸国はオブザーバーの立場のみ保有し，投票権は持たない。さらに，例えば小児用医薬品委員会及びファーマコビジランス・リスク評価委員会のように，ある程度多数の委員会は患

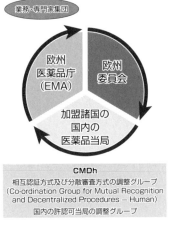

CHMP	ヒト用医薬品委員会 (Committee for Medicinal Products for Human Use) 中央審査手続による(不)許認可に対する判断
PDCO	小児用医薬品委員会 (Paediatric Committee) 小児用医薬品開発諸計画の審査
PRAC	ファーマコビジランス・リスク評価委員会 (Pharmacovigilance Risk Assessment Committee) ファーマコビジランスに関するあらゆる問題を議論してCHMPに対して判断の根拠を与える
COMP	希少疾病用医薬品委員会 (Committee for Orphan Medicinal Products) 希少疾病患者に対する医薬品の証明に関する申請の審査
CAT	先進療法委員会 (Committee for Advanced Therapies) 新種の治療 (Advanced Therapy Medicinal Products, ATMPs; 先端医療医薬品) についての医薬品に関する判断のCHMPに対する準備
HMPC	ハーブ治療製品委員会 (Committee for Herbal Medicinal Products) 植物性の作用物質および製品の調和化およびモノグラフ化

図1：医薬品規制に関するEUの諸機関

者組織体の代表者及び医療の職業団体の代表者で地位を占められている。

欧州医薬品庁は，許認可された医薬品の監視及び薬剤のメリットやリスクに関する専門家や一般人による情報についても担当する。**図2**で欧州医薬品庁の責任に関する概観を示すことにする。

B. 許認可の種類と書類請求

EUは，許認可の方法や提出されるべきデータ請求の確定といった，医薬品許認可の申請についての様々な法的基盤をもっている。その際，主として，申請された作用物質の革新の程度・複雑性または与えられた形態が申請グループを左右する。

2001/83/EG指令の8条3項による，いわゆる完全申請 (full application) の場合，とりわけ独自の前臨床研究データ及び臨床での研究データが提出されなければならず，すでに発表された研究上の学術データはこの研究データを補助するこ

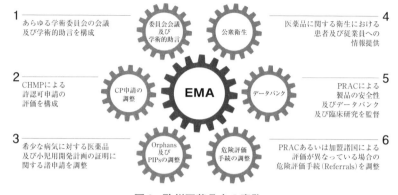

図2：欧州医薬品庁の責務

とができるにとどまる。この完全申請は通常，新たな作用物質を用いた薬品について必要とされる。

　もし医薬品の作用物質が少なくとも10年来，EU内部で「一般的な医学的使用（well established use）」をされており，承認された有効性，並びに，容認できる程度に懸念がないと示されたのであれば，独自の前臨床データ及び臨床でのデータの提出は不要とされることがありうる。その場合には，詳細な文献目録に基づいて証明がなされる（bibliographical application）。

　それと同時に，より多くの略式化された申請方法（abridged applications）が存在する。すなわち，2001/83/EG指令の10条1項によれば，すでに認可された医薬品を認定医薬品［訳者註・Referenzarzneimittel］と指定することができ，いわゆるジェネリック申請［訳者註・generic application］においては，この認定医薬品の基礎資料が引用されうるのである。これについて申請者は，認定医薬品との同等性（通常は生物学的同等性試験）の証明を，唯一かつ独自の臨床データとして提出することができる。

　もし，例えば他の作用物質の配合や剤形が新たに認可されるべきであるとの理由で認定医薬品との同等性が証明され得なかったとしても，10条3項にしたがって，ハイブリッド申請［訳者註・Hybrid-Antrag］することが可能とされてい

る。ここではすでに認可された医薬品の完全申請を引用しながら，前臨床的研究や臨床研究の両方，あるいはどちらか一方が補足的に提出される。

　申請の法的基盤及びグループは，次節で詳述される選択された許認可の方法に左右されない。

C. 許認可の様々な方法

Ⅰ. 国内における手続き

　国内での許認可手続の場合，申請は加盟国の許認可当局において申請がなされる。これは，複数の諸国で並行的に行うこともできるが，しかし，官庁当局の交代をすることなく相互に別々の手続きをすることが常に問題となる。

　許認可手続は2つのフェイズから構成される。第1フェイズでは，提出された資料が審査され，欠格報告書［訳者註・Mängelbericht］が作成される。申請者である製薬企業は，第2フェイズにおいて官庁当局による審査に対する回答を提出する。新たに不明瞭な点ができた場合，この質問回答フェイズを数回繰り返すこともできる。

　国内の手続きが終われば，積極的なベネフィット−リスク評価によって，加盟諸国内で効力を有する許認可を付与することになる。製薬企業にとっては多くの場合，この手続きが次のような不利益を生み出すことになり，そのため国内での申請提起はもはやほとんど用いられていない。すなわち，

- 通常，手続期間は複数国手続に比べて，明らかに長期で困難になると予想されうる。
- さらに，とりわけ医薬品の調査コスト・展開コストの借り換えのために，非常に狭い地理的な領域における登録が目指されることはほとんど稀である。
- ファーマコビジランスについての透明化の増大と超国家的管轄権（例えば，

EMAによって設置されるファーマコビジランス・リスク評価委員会：Pharmaco-vigilance Risk Assessment Committee, [PRAC] など）を介することで，通常もはや，作用物質及び機器が個々の加盟国の国内許認可当局により明らかに異なって評価されることや，疑わしいベネフィット−リスク評価を用いて認可されるということは起りえない。

というものである。

　その国だけで商品化しようとする場合，または，申請提起前にすでに他の諸国の当局の認めない姿勢が審議から明らかである場合のみ，製薬業者は国内の許認可を受けようとする。

　官庁当局及びEUの観点からしても，国内の手続きは非効率的かつ財源に拘束されており，EU市民が安全かつ有効な医薬品に調和から透明性をもってアクセスするには至らない。そのため，1995年以降，国内市場を完全なものにするために，多数の，それどころか全ての加盟国での同時の許認可をするための方法が創出されている。

Ⅱ．中央審査手続

　中央審査手続（Centralized procedure, CP）は共同許認可となるので，欧州経済領域の全ての加盟国において有効となる。欧州委員会は，基本的には欧州医薬品庁及びその委員会の推薦に対して，許認可を与える。

　中央審査手続は，HIV/AIDS，神経変性疾患，癌，糖尿病，自己免疫疾患，及び，他の免疫機能不全・ウイルス疾患の治療に対して決定的となる新たな作用物質を伴う製品については義務付けられている。それに加えて，バイオテクノロジーの工程で製造される，あるいは，遺伝子治療，体細胞による細胞治療，組織培養のような新式の手法を用いる，全ての薬剤についても義務付けられている。希少疾病の治療に関する薬剤（V. 参照）も中央審査手続によってしか認可されることができない。

　他の革新的製品，人の血液または血漿由来の薬剤，新たな作用物質，さらに

は，中央審査で認可された元調剤のジェネリックについても許認可手続が選択的に用いられる。欧州医薬品庁は，患者及び健康保険制度上重要な利益をもつ適応症または他の重要な技術的利益を示す適応症の治療についての製品に関するアクセスも認めている。

　その際中央審査手続の申請は，手続きを調整し，さらにそれに先立ち学術的な助言をする欧州医薬品庁によって直接的に提起される。申請者は欧州医薬品庁に対して，7～18か月前もって，計画された申請提起について情報を与えなければならず，欧州医薬品庁とのあらかじめの会談が得策とされている。

　2つの国内当局が，評価報告（Assesment Report, AR）を作成する（共同）報告者（[Co-] Rapporteur）として指名される。この報告者は，他の加盟国によって調査され，ヒト用医薬品委員会（Committee for Medicinal Products for Human Use, CHMP）において審議，可決される。手続全体で210日程度が予定されており，加えて，申請者による当局質問への応答に対する中断期間（Clock stop）がある。申請者に対する当局の質問は手続開始後120日内に提出され，回答を検証した後，180日内に公的質問のリスト化されることがある。その後，申請者による口頭での公聴会が行われることがある。

　210日後のヒト用医薬品委員会による肯定的な意見表明（Opinion）は通常——強制ではないが——，欧州委員会によってEU行政行為（Binding Community Decision）の形式での許認可が与えれることになる。手続終了後，欧州医薬品庁は，ヒト用医薬品委員会の所見を要約・整理した説明を，誰でもアクセスできる報告書，いわゆる欧州の公共の評価報告書（European Public Assessment Report, EPAR）として発表する。

　制限されていない肯定的な手続きの終了と並んで，実現できなければ与えられた認可が取り消されることになる，条件を伴った肯定的決定が可能である。あるいは，認可の拒否と結びつく否定的決定及び申請の却下も可能である。否定的決定及び申請却下については，他にも，不十分な資料，研究モデルにおける欠陥及び研究成果の逸脱した解釈，有効性証明の欠缺，当局によるベネフィットーリスク関係の否定的な評価，あるいは，製品製造及び／または製品品質に

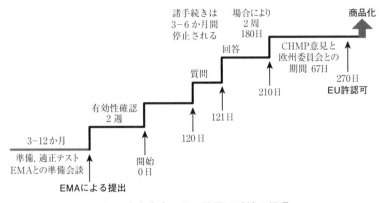

図3：中央審査による許認可手続の経過

おける瑕疵を理由としてなされる。

　否定的な決定がされた場合，申請者は，15日以内に決定に対して異議を申し立てること，60日以内に理由や補助資料をもって返答することができる可能性がある。——時折先立ってすでに否定的決定が際立っていることもあるが——通常，形式的・公的に根拠のある拒否を予防するために，申請は任意に撤回される。

　図3は中央審査手続の経過に関する図による概観である。通常，提出から薬剤の認可までの全期間は約12〜18か月と見積もられる。

　近年生じた促進的中央審査による許認可の可能性については，本報告の**D.**において取り上げる。

　企業の目線で見ると，中央審査手続はいくつかの利点を持つ。専門的評価のはっきりとした学術的鑑定は当局に代わる包括的で強固なレファレンス書類とすることができ，この書類は後々世界的に登録活動する際に他の当局からより高く受けいれられて時折より迅速かつ容易に許認可されるにことになる。しかも，EU内で中央審査手続は通常より迅速に許認可され，したがって，連合全体へ迅速に市場流通される。後の変更は，多数の単独許認可より簡単かつ迅速に中央審査手続内でなされる。

欠点は，例えば，明らかに高い料金，欧州医薬品庁と早期に相互活動する必要性があること，分散承認手続と比べて提出戦略が拘束されること，及び，否定的結果となる場合が明らかにより高度に（かつ世界的に）明白であることである。欧州医薬品庁による瑕疵及び拒否の理由の公表は他の市場における登録を困難にする。しかも，EU許認可が下りた場合にあまり柔軟性を持たないという欠点がある。すなわち，（企業グループの地元の子会社や許認可所有者のいない経営パートナーなどはなく）許認可の所有者である企業のみが全ての市場に存在することになり，製品の情報は全て官庁用語に置き換えられ，更新されなければならない。さらに，異なった製品の名前，梱包の寸法，製造者など，それぞれの国独自の詳目はあり得ないこととなる。

III．分散承認手続

中央審査手続は許認可手法として義務付けられておらず，企業が欧州経済領域の加盟国のいくつかのみにおける医薬品の許認可を目標とする場合のために，1995年以来，相互認証手続（Mutual Recognition Procedure, MRP）を採ることができるようになっている。図式的な経過は**図4**で示す。

これによる場合，国内の官庁当局は，ある加盟国で既になされた許認可とその国の官庁当局の評価を引用することが可能となる。それゆえ要件となるのは，その手続き後に初めて，複数の国家における手続きが加わる，といった国内の手続きが前もってなされていることである。その際に最初に許認可の下りた国は，学術的評価報告のほか，他の関連加盟国（Conserned Member States, CMS）との手続調整をも引き受けるレファレンス加盟国（Reference Member State, RMS）の役目を受け持つことになる。関連加盟諸国は通常，レファレンス加盟国の評価を尊重しつつ，独自の検査をすることや補足データを求めることも可能である。各国の官庁当局が食い違う評価をするようであれば，EUレベルでの調停手続や，場合によっては仲裁手続をすることができる。

申請の提出から許認可までは全期間で5〜16か月と見積もられる。もっとも，それに関して，それ以前の情報提供国内の許認可付与に関する国内の手続きが，

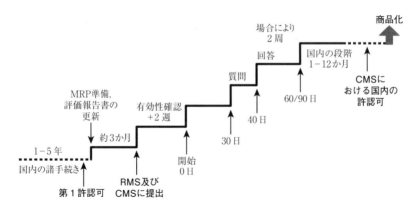

図4：相互承認手続の手続経過

さらに5年までかかると見積もられねばならない。したがって，全部で中央審査手続での許認可より明らかに長くなるのである。

2004年以降，分散承認手続（Decentralized Procedure, DCP）という，分散的な許認可の新たな方式が付け加えられた。相互認証手続とは異なりここでは，申請の提起が全ての参与当局によって同時になされる。そしてこの全ての参与当局によって，レファレンス加盟国の役割が受け持たれ，相互認証手続の場合のように評価報告や手続調整が引き受けられる。もし医薬品がEU加盟国においてすでに許認可を受けている場合であれば，分散承認手続に関する申請は提起できない。このときは相互認証手続を選択しなければならないことになる。

中央審査手続と異なり，相互認証手続及び分散承認手続の結果として，複数の国家における手続きがなされるにも関わらず，各国家単位での，しかしながら調和のとれた許認可が得られる。このような，ライフサイクルにも関わる医薬品の調和を得るためにも，許認可にしたがって，あらゆる変更（variations）が参与当局全てと調整されなければならない。これ以外の諸国の採用は再利用申請（repeat-use procedures）により可能である。

分散承認手続は約2年以内で完了でき，したがって，それ以前の国内の許認可フェイズがなくなるので，通常相互認証手続より迅速である。図式的な手続

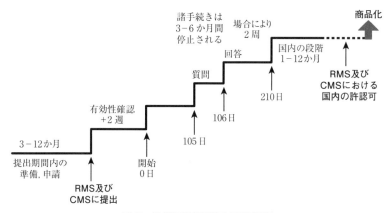

図5：分散承認手続の手続経過

経過は**図5**で示されている。

IV. 異なった許認可方法についての統計

年毎の提出された許認可申請数は大きな差を示している。そして，加盟国も かなり異なって参与している。

2017年に欧州医薬品庁により全部で90の中央審査手続の申請が提出された。 それについて，約80％は2001/83/EG指令の8条3項に基づく完全申請（**B.** 参照） で，20％のみが10条1項に基づくジェネリック申請であった。全申請の約3分 の1が新たな作用物質を伴う医薬品であり，その際，約20％がバイオシミラー （バイオテクノロジーによる医薬品の模倣品）ないし希少疾病に対する医薬品（**V.** 参照）であった。いわゆる先端医療医薬品（Advanced Therapy Medicinal Products, ATMP）についての申請は僅かしか提出されなかった。最も多くの（共同）報告 者を有する加盟国は，デンマーク，ドイツ，グレートブリテン，オランダ，オー ストリア，スウェーデン，スペインである。

相互認証手続における申請数は，分散承認手続の導入後明らかに減少し，只 今年間およそ300になる。それについて，ジェネリックの性質のものが半分以 上で，20％未満しか完全な書類に基づいていない。最もレファレンスに積極的

な当局は，ドイツ，グレートブリテン，オランダ，スウェーデンで，全手続の約70％を管轄担当している。

　導入後の分散承認手続の申請状況は相互認証手続申請の受け入れに逆行している。その間に年間1,000以上の手続きが開始され，その約4分の3がジェネリック書類に該当する。申請の大部分が，ドイツ，グレートブリテン，オランダ，ポルトガルによって担当されている。

　グレートブリテンが3つの手続態様全てにおけるレファレンス国として今日までなしてきた重要な役割はブレグジット［訳者註・EU離脱］の準備ですでに低下し，残りの加盟国の当局におけるキャパシティ構築により補われている。

D. 許認可についての促進・簡略化方式

　近年では，緊急かつ必要な医薬品が患者に迅速ないし簡略に届くための様々な方式が創り出されている。本節ではこれを詳細に見ていくことにする。

Ⅰ．促進手続

　例えば疾病に対する医学上の需要のある（unmet medical need）代替療法や治療上の改革のような，公共の保険にとって関心の高い医薬品は，促進手続（accelerated assessment）によって評価されることができる。その場合，中央審査手続は（質問への回答のための中断期間はなくなり）210日から150日まで短縮される。促進手続に関する許認可の申請は実際の書類提出の2，3か月前に行われなければならない。

　初めから予測される医薬品のメリットが正当と証明されなかったような場合，手続きはそれ以上の否定的な影響はなく通常の時間の範囲で実行される。他にも，促進手続で今日まで与えられた許認可は適応症の領域の腫瘍学及び血液学における製品その他を含んでいる。

II．制限付き許認可

　もし申請者が必要なデータ全てを提出することができずとも，医薬品を直接，任意に使用できる利益が，全（臨床）データによって予想されるリスクに勝る場合，制限付き許認可（Conditional Marketing Authorization）の枠組みによっても，認可されうる。この許認可制度は，生命を脅かすようなあるいは稀な疾病の処置のための製品（Orphan Drugs［訳者註・希少疾病用医薬品]），ないし緊急時薬剤［訳者註・Notfallmedikamente］について用いることができる。制限付き許認可の要件は，十分な臨床データが後に任意に得られると推定されることである。そのため許認可後には，新しく任意に得られたデータの年毎の再検査と，ベネフィット－リスク・プロフィールの再評価がなされることになる。その後に十分なデータが提出された場合，制限付きのものは正規の許認可に変更することができる。臨床データの審査は1年毎に行われる。

　もっとも，品質及び臨床前の十分な書類は手続きの開始ないし期間中には無条件で提出されなければならない。申請者とともにヒト用医薬品委員会自体も適切な製品に制限付き許認可の手続を提案することができる。今日までとりわけ腫瘍学の調剤が制限付きで許認可されていた。非小細胞肺癌（non small cell lung carcinoma, NSCLC）の治療に関するセリチニブ（Ceritinib）の作用物質をもつジカディア（Zykadia）製品が2015年に制限付き許認可を獲得し，約2年後に正規の許認可に変更された。

III．緊急状況における許認可

　制限付き許認可の場合と類似して，緊急状況における許認可（Marketing Authorization under Exceptional Circumstances）がなされることがある。その場合には，倫理的な根拠付け，学術的な知識の欠如，あるいは非常に稀な疾病が取り扱われているなどの理由から，十分な臨床データが持続的に得られない，ということが前提とされる。先程の形式と同様に許認可が毎年再検証されるが，ただし，正規の，持続的な許認可への変更は予定されてはいない。この方法の促進手続の申請は実際の提出前に行われ，学術的助言（Scientific Advice）の枠組

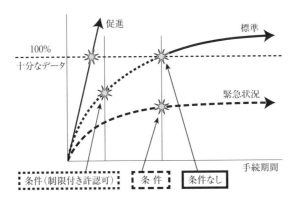

図6：促進的, 制限付き, 緊急的許認可の比較

みにおいて議論される。その他, 緊急状況における許認可についての例は適応症の領域の腫瘍学, 神経医学, 及び, 血液学において見られる。

　制限付き許認可が中央審査手続においてのみ審査, 付与されるのに対して, 緊急状況における許認可は可能な全ての手続方法（相互認証手続, 分散承認手続, 及び, 中央審査手続）において付与される。

　言及された3つの促進手続の比較は**図6**において把握できる。

　促進的許認可の場合, 手続きの間にすでに全ての十分なデータが提出され, 手続きは速さにおいてのみ正規の手続きと区別される。

　制限付き許認可の場合, 差し当たり全てのデータは提出されていない。しかし, 与えられた条件に従ってこれ等のデータを揃えたら即座に, 許認可はこれ以上の条件なしに標準の許認可に変更される。

　緊急状況における許認可は, 制限付き許認可と同様に不十分なデータを理由に付与され, 期間中もこの状態を維持する。

Ⅳ. 社会的公正プログラム (Härtefall-Programme: Compassionate Use［訳者註・人道的使用］)

医薬品は, 許認可がなくとも, 生命を脅かし, 今日まで処置が不可能な疾病

に苦しむ患者集団に無償で任意に提供されることがある。もっともこの医薬品は，すでに臨床試験が始まっているか，許認可手続きに入っていなければならない。したがって，薬剤へのアクセスは許認可が完了する前にすでに患者に与えられている。これは中央審査手続における製品にのみ可能である。「指定の」，したがって，個人的に知っている患者に向けた個人的な治療の試み（named patient basis）とは異なり，社会的公正プログラムにおいて薬剤は同じ適応症の患者の全グループに自由に使用されなければならない。

V．希少疾病用医薬品（Orphan medicines）

希少疾病に対する医薬品の開発への意欲をもたらすために，2000年にはそのような医薬品（orphan designation）を証明するための手続きが創設された。それによると希少疾病用医薬品は，以下のような疾病の診断，予防ないし処置のための製造物である。すなわち，

- 患者がEU内で1万人の内5人にも満たないような，生命を脅かす，ないし長期にわたり就労が出来なくなる疾病。
- 必然的に伴う出費を回収するためにはおそらく十分な利益の得られないような，生命を脅かす，ないし長期にわたり就労が出来なくなる疾病，あるいは，深刻かつ慢性の疾病。

といったものである。これらの場合，従来は満足のいく，選ぶことのできる手段がもたらされることはなかった，つまり，持続的に大量使用をしなければならなかったのである。

さしあたりは，証明に関する申請が提起され，欧州医薬品庁の希少疾病用医薬品委員会（Committee for Orphan Medicinal Products, COMP）によって評価される。欧州委員会が肯定的な判断をした後で，開発者すなわち申請者は，欧州医薬品庁による学術的助言を受けるためにコストの削減を受ける，つまり中央審査手続の申請者となることになる。申請の提起までの間，希少疾病用医薬品と

しての地位を得るために，開発状況に関する報告が毎年提出されなければならない。

　許認可が上手くおりる場合，許認可所有者は10年の市場独占権を得る。この場合に，官庁当局は［訳者註・他の］申請を受理してはならない，つまり，同様の適応症に対する類似の医薬品について許認可を与えてはならないのである。この保護は，もしその結果として小児科の研究成果が獲得されるのであれば，さらに2年間まで延長されることができる。それでもやはり，医薬品が十分な利潤を生み出す，あるいは供給不足になるようであれば，市場独占権は6年にまで短縮されることもありうる。

　現在のところ，希少疾病用医薬品はEU内で109種許認可されており，さらに49種がこれまでの地位を10年後に失うか，その地位が早期に放棄されることになる。1,900種の医薬品治療法が現在のところ希少疾病用医薬品として証明されているところであるが，これらはまだ開発途中あるいは許認可手続中となっている。

VI.　漸次的許認可（Adaptive Pathways ［訳者註・迅速医薬品承認］）

　迅速医薬品承認の下では，当初はわずかな，あるいは非常に小規模な臨床研究に基づくにすぎないような，新たな種類の医薬品の漸次的な許認可が考えられている。それに続く実践的な使用（Real world data/evidence）によって得られた知見は，その後より良いベネフィット－リスク評価につながり，当初の限られた適応症の拡大を可能とすることになる。その場合この医薬品は大規模な患者集団によって直接試験されるのではなく，例えば（サロゲート・）マーカーによって確認されるような部分母集団によって試験される。その際に患者組織と評価審議会（Health Technology Assessnment bodies, HTA）は前もって組織されるべきである。

　迅速医薬品承認については，制限付き許認可，学術的助言手続（Wissenschaftliche Beratungsverfahren），社会的公正プログラム及び監視情報といった既存の制度が用いられる。最初の予備的プロジェクトは2014年に開始した。当時は12

種の医薬品候補がプログラムに組み込まれていたが，最初の許認可申請は2020年までは期待できない。

Ⅶ. PRIME (PRIority MEdicines)

2016年以降，PRIMEプログラムは，欧州医薬品庁による早期の学術的支援・助言を受けて，明確な治療上の利益を有し高度の医学上の需要がある代替療法について，始められている。それにより，調整の経験や財政上の手段が限られている小企業や学術機関は，開発計画を早期に最適化すること，瑕疵を予防すること，そして，許認可の際に成功率を高めることが可能になるといえるであろう。作用物質が動物モデル及び早期の安全性の研究において潜在的に可能性を指し示しているフェイズですでに，この両団体は各々申請が可能である。他の全ての申請者は最初のフェイズⅠの研究が成功後に初めて参与できる。欧州医薬品庁の専門家グループの最初の会議後40日でこのプログラムに関するヒト用医薬品委員会の最終的な推薦が明らかになる。

支援について，信頼に足りる［訳者註・意見］交換を保証するために，欧州医薬品庁及びヒト用医薬品委員会との密なコンタクトが当初からすでに確立されている。重要な開発時点では学術的な助言が認められており，したがって欧州医薬品庁の鑑定書は開発者やスポンサーの戦略的判断を下すために用いられることがある。

PRIMEプログラムについての適正基準は促進手続の基準と合致している。プログラムの導入から数年で200弱の申請から腫瘍学や血液学における重点を伴う45のみが認められている。その際，学術的申請は明らかに過度に少なく，実りもほとんどない。

よくある挫折の理由は，臨床研究モデルにおける欠陥，臨床試験の失敗，あるいは，臨床成果における不一致（例えば，異なった研究の間，研究グループの間，及び／または，その結論の間）である。

企業の観点からは，PRIMEプログラムは当局との早期の相互活動についてきわめて魅力的なプラットフォームを提供し，展開及び許認可の手続きを著し

く促進するポテンシャルがある。対話についての報告者の早期の指名，度重なる学術的助言，及び，評価審議会による同時算入は，明らかな利点である。

医薬品規制を巡る日本の法制度

花輪正明

A. 日本における近代薬事法制度の変遷

　明治維新（1868年）以後，日本においては医療に広く西洋医学が取り入れられるようになり，これにともない和漢薬に代わる西洋の医薬品の使用が顕著となった。しかしこれら西洋の医薬品の大半が輸入によるもので，これに対する国民の知識は皆無に近い状態であり，粗悪な医薬品が横行する実情となり，不良医薬品の取り締まりに力を入れ，さらには国内製薬産業の育成を図るため，医薬品に係る法律整備が必要となった。その為，1874（明治7）年には医制の発布を行い，その後現在に至るまで，国民の保健衛生向上の観点から，薬事に係る法制度の整備と改正が行われ，現在に至っている。近代日本の医事，薬事等に関する行政対応は，1873（明治6）年文部省に医務局が新設され医事及び衛生に関することを所管するようになったのが始まりで，その後1875（明治8）年に医務局は内務省に移管され衛生局が設置された。そして1938（昭和13）年には厚生省が創設され内務省衛生局は厚生省に移管された。厚生省は戦時態勢への対応から医薬品の生産と供給統制の観点から統制色の強い薬事法を1943（昭和18）年に制定した。

　その後第2次世界大戦終結後の1948（昭和23）年には，米軍統治のもとで旧来の体制は打破され，統制色の強い薬事法から民主化された薬事法が制定され，

この薬事法では「医療用具，化粧品」も薬事法の対象として加えられたが，医薬部外品制度は廃止された。1948（昭和23）年の薬事法制定後，10年以上を経過する間に社会情勢とともに医薬品も大きく進歩し，現状の法制度では実情に合わない点が多く存在して来たことから，1960（昭和35）年に薬事法改正を行い，薬事法の基盤整備が行われた。ここに，米軍統治下の薬事法から，我が国主体による薬事法の制定となり，この薬事法がその後の薬事法そして現行法へと発展してきている。

　1960（昭和35）年の薬事法改正では，それまでの薬事法が薬事法と薬剤師法に二分され，薬事法には医薬部外品制度が復活した。しかし皮肉なことに，この1960年の薬事法改正直後に，サリドマイド事件やキノホルム事件（スモン事件）など極めて大きな薬害事件が発生したため，国は法改正ではなく行政指導による制度改革を行い対応した。その後1979（昭和54）年には，大幅な薬事法改正が行われ，承認審査の厳格化，再審査及び再評価の導入など医薬品の安全性確保措置も講じられた。また，薬事法の目的に，医薬品等の品質，有効性，安全性の確保が明文化され，医薬品等の有効性と安全性の均衡に立つ医薬品の在り方に応じた規制となった。その後1993（平成5）年の薬事法改正では，国民の保健衛生上の観点から必要な新医薬品等の迅速な供給を図るために，研究開発の支援及び審査の迅速化という，今までの規制に留まらず，希少疾病医薬品（オーファン・ドラッグ）等の研究開発促進を支援する法としての薬事法改正が行われ，薬事法の大きな転換期となった。その後，医療機器及び新たに登場してきた再生医療製品の現状に即した法制度の検討が行われ，2013（平成25）年には，それまでの「薬事法」から「医薬品，医療機器等の品質，有効性及び安全性の確保等に関する法律」として改正され，医薬品は医薬品の特性に応じた規制，医療機器は医療機器の特性に応じた規制，さらには新たに登場してきた再生医療製品には再生医療製品の特性に応じた薬機法となり現在に至っている。なお，この法律題名は長文であることから，「医薬品医療機器等法」と略され使用されることとされたが，現在はさらに簡略化され，「薬機法」と呼ばれることが多い（以下，本稿でも「薬機法」と呼ぶことにする）。

B. 薬機法の目的と主旨

薬機法1条には薬機法の目的として、「医薬品、医薬部外品、化粧品、医療機器及び再生医療製品……の品質、有効性及び安全性の確保並びにこれらの使用による保健衛生上の危害の発生及び拡大の防止のために必要な規制を行うとともに、指定薬物の規制に関する措置を講ずるほか、医療上特にその必要性が高い医薬品、医療機器及び再生医療製品の研究開発の促進のために必要な措置を講ずることにより、保健衛生上の向上を図ることを目的とする」と定めている。また、医薬品等の使用による安全性確保には、全てのステークホルダーによる協力と努力が必要な事から、薬機法1条の2から1条の6を制定し、国の責務、都道府県の責務、医薬品等関連事業者の責務、医薬関係者の責務、そして国民の役割を定めた。ここで初めて、医薬品等の供給者や国等規制当局に限らず医薬品等を使用される又は使用する国民（患者）に対しても、「国民は、医薬品等を適正に使用するとともに、これらの有効性及び安全性に関する知識と理解を深めるよう努めなければならない」として、国民にも医薬品の安全性確保への協力を求めたところは、今までとは違う大きな変換点となった。

C. 薬機法は何のためにあるのか？

薬機法は、「医薬品・医療機器・再生医療製品等の、研究開発、製造及び製造販売、流通、患者に使用された時の安全対策」の為に、法規制が定められている。薬機法の主たる柱の1つに、不良医薬品等の取締に起因する警察法（刑法）的な要素があるが、しかし薬機法と刑法には大きな違いがある。刑法では「疑わしきは罰せず」が原則であるが、薬機法では「疑わしきは、何らかの対応をとる」が基本となっている。それは多くの場合、限局的・局部的に発生する犯罪等の行為とは違い、医薬品等に関してはひとたび副作用等の大きな問題が発生する

と何万人，何十万人に被害が及ぶこともあることから，被害が発生してしまってからでは取り返しのつかないこととなるため，事前対応が盛り込まれている。その結果，薬機法ではどのような事が発生しているかといえば，薬機法による規制が過剰規制であると提訴され，敗訴していることがある。たとえば，「薬局等の適正配置規制問題」や「医薬品のネット販売」等があげられる。

薬局等の適正配置問題では，1957（昭和32）年に大阪に端を発し，1960（昭和35）年に東京池袋で生じた医薬品の乱売合戦に関して，薬局や医薬品販売業の乱立過当競争状態を象徴する問題として社会の注目を集めた。これに対して，国は1963（昭和38）年に「適正配置規制」を中心とする薬事法の一部改正を行い，「都道府県知事は，薬局，医薬品販売業の店舗の設置に適切性を欠く場合は，許可を与えないことが出来る」とした。しかし，この法規制は過剰規制と提訴され，最終的には1975（昭和50）年4月30日，最高裁判所によって，薬事法6条における薬局などの適正配置規制に関する規定は，憲法22条に違反し，無効であるとの，違憲判決が下された[1]。この判決の中で，最高裁判所は，競争の激化が薬局等の経営に不安定をもたらし，ひいては保健衛生上の法規に違反する不良医薬品が相当程度の規模で供給される可能性は小さく，適正配置規制の必要性と合理性は，憲法上認められた職業の自由を制限する程大きくないと判示して，薬事法6条に規定する適正配置規制は，削除されることとなった。

D. 薬機法における医薬品とその規制

I. 医薬品の定義

薬機法で取り扱う品目は法2条（以下，薬機法の条文を示すときは「法」と表記する）で定義される「医薬品，医薬部外品，化粧品，医療機器，再生医療製品，生物由来製品，体外診断用医薬品」等であるが，本稿では，医薬品に特化し内容記

1）最大判昭和50年4月30日民集29巻4号572頁。

載を行うこととする。

　薬機法で定める「医薬品」とは，法2条1項で，①日本薬局方に収められている物，②人又は動物の疾患の診断，治療又は予防に使用されることが目的とされている物であって機械器具等ではないもの，③人又は動物の身体の構造又は機能に影響を及ぼすことが目的とされている物であって，機械器具等ではないもの，と規定されている。

Ⅱ．医薬品の開発から市販後における法規制の流れと規制項目

　医薬品の法規制について本稿では，

1. 研究・開発段階での法規制
2. 品質・有効性・安全性の評価での法規制
3. 医薬品の製造販売での法規制
4. 医薬品の販売業，販売方法での法規制
5. 医療用医薬品の販売後での法規制

に沿い，日本の薬事制度の解説を行う。

　下記に示した通り，医薬品の開発から市販後における法規制の流れは，研究開発から品質・有効性・安全性の評価，医薬品の製造販売及び販売，最後に患者に使われた後の使用後に対する規制について，上流から下流に向かい整備されている。開発から市販後における法規制の流れと，各パートにおける規制項目を**図1**に示し，そのうちゴシックで示す項目につき，本稿で記載解説する。

　1. 研究・開発段階での法規制

　a）治験の定義（法2条17項）

　医薬品の開発では，ターゲット成分からリード化合物を合成し，その後の動物試験などを経て，当該有効成分の人に対する有効性，安全性への確認の基本となる臨床試験へと流れる。その臨床試験を治験としている。法2条17項には，この法律で「治験」とは，法14条3項，23条の2の5第3項又は23条

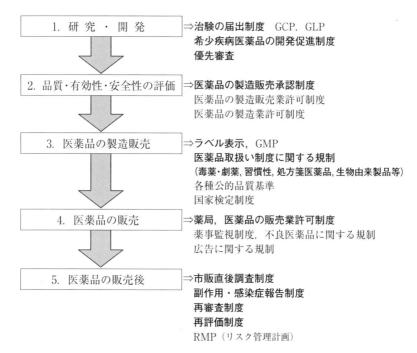

図1：開発から市販後に至る法規制

の25第3項の規定により提出すべき資料のうち臨床試験の試験成績に関する資料の収集を目的とする試験の実施をいうと定義し，製造販売承認申請時の臨床試験と定義している。薬機法における治験の定義で，治験を製造販売承認申請に提出する臨床試験と限定した規定としている理由は，製造販売承認申請に必須な臨床試験以外の治験の実施に歯止めをかける目的もある。これは，効くかどうかをまず試してみようとする，瀬踏み試験等にはブレーキをかけ，開発の必要性と被検者の安全性のバランスをとるためにとられた対応である。

　b）治験の届出制度「治験の取扱い」（法80条の2）

　「治験の取扱い」の法80条の2は，1979（昭和54）年の薬事法改正時に規定さ

れたが，ここで初めて薬事法に治験という言葉が使用されることとなった。こ
こでは，治験の依頼は，厚生労働省令で定める基準に従ってこれを行わなけれ
ばならないとし（依頼の基準），治験を依頼する者又は自ら治験を実施しようと
する者には，厚生労働大臣への治験計画の事前届け出を義務づけている。治験
届では，特に被検者の保護を目的に，当該治験薬を初めて人に投与する場合の
第1回目治験届出においては，治験届出後30日を経過した後でなければ，治験
の依頼又は治験の実施を禁止と定めた。この30日間のなかで厚生労働大臣は，
当該届出に係る治験の計画に関して保健衛生上の危害の発生を防止するための
調査を行うこととし，実際の調査はPMDA（医薬品医療機器総合機構）に委託して
いる。また，治験の依頼を受けた者又は自ら治験を実施しようとする者は，治
験を行う基準に従って治験をしなければならないと義務づけ（実施の基準），さ
らに治験の依頼をした者には，治験の適切な管理を義務づけ（管理の基準）てい
る。第1回目の治験届におけるこの30日調査の規定は，「治験の取扱い」が定め
られた1979（昭和54）年の改正時には規定されていなかったが，1993（平成5）年
に発生したソリブジン事件やHIV感染事故を受けて，1996（平成8）年の法改正
で規定された。また同時に治験時の副作用報告の義務づけも定められ，この治
験時の副作用報告制度は，施行規則（則273条1項。以下，施行規則の条文は「則」と
表記する）で詳細に規定されている。治験薬概要書から予測できない死亡例や
死亡に繋がる恐れのある症状が発生した場合は7日報告を，それ以外の，治療
のため病院又は診療所への入院又は入院期間の延長が必要とされる症例，障害
又は障害の恐れのある症状及び重篤である症例，当該被験薬によると思われる
感染症，外国で発生した同一性薬の販売中止，回収，廃棄その他保健衛生上の
危害発生又は拡大を防止するための措置の実施があった場合には，15日報告を
義務づけている。副作用報告を受けた厚生労働大臣は，当該報告にかかわる情
報の整理又は調査を行うこととされている。治験の段階ではどのようなことが発
生するかは不明なため，被験者の被害拡大防止のために，治験時の副作用報告
は厳格に規定されている。さらに，治験の取扱いでは，守秘義務も規定され，
治験を依頼した者又は自ら治験を実施した者に対して，その治験に関し職務上

知り得た秘密についての守秘義務が課されている。これは，治験ではそのデータの信頼性の確保の観点から，GCP (Good Clinical Practice) ではカルテとCRFの照合が求められており，医師等医療関係者と共に，治験に係る者が被験者の秘密を知り得る立場にあることから，被験者保護の観点より規定されている。この守秘義務は，医師や看護師に，医師法等において同様の義務が定められている。

c) 希少疾病医薬品の開発促進制度（法77条の2，77条の3，77条の4）

21世紀の高齢化社会の到来を間近に控えて，国民の保健衛生上の観点から，必要な医薬品等の迅速な供給を図るためには，単に申請されるのを待って審査するのでは不十分であり，研究開発の支援及び審査の迅速化という措置を通じて，新医薬品の開発を促していく必要性が高まった。その為，1993 (平成5) 年の薬事法改正では，法1条の目的を改正し，「医療上特にその必要性が高い医薬品の研究開発の促進のために必要な措置を講ずること」を追加し，品質，有効性及び安全性を確保するために必要な規制を行うというこれまでの取締規制を中心とした薬事法の柱に，研究開発の促進という柱を加えた。この改正は，薬事法のこれまでの規制法としての枠組みから，研究開発にまで広げるものであり，大きな意義を有した法改正となった。この「必要な措置」には，希少疾病医薬品の開発促進と，審査の迅速化のための優先審査（法14条7項）の2つの目的が込められた。

希少疾病用医薬品の指定条件では，①対象者数が我が国で5万人以下，②特に優れた使用価値を有する物であること，とし，この②の「特に優れた使用価値を有する」とは，他の代替する適切な医薬品又は治療法がないこと，及び既存の医薬品等と比較して，著しく高い有効性又は安全性が期待されることの2つを示し，このいずれかに該当する物とした。

さらに希少疾病医薬品では，後述する優先審査の実施と共に再審査期間を延長し6年（現在は通常再審査期間は8年となっているが，当時は6年とされていた）を超え10年を超えない範囲内において厚生労働大臣の指定する期間とされた。

また，法77条の3では，国からの開発助成金の交付，法77条の4では，税制上

の措置などを行い，医療上特にその必要性の高い医薬品の研究開発の促進を推し進める法整備が行われた。

d）優先審査（法14条7項）

申請に係る医薬品が希少疾病用等である時には，①品質，有効性及び安全性に関する事項の審査，②製造所における製造管理又は品質管理の方法の適合性調査を，他の医薬品の審査又は調査に優先して行うことができると定め，希少疾病医薬品の審査の迅速化を図った。現在の希少疾病医薬品の承認に要する時間については，手続きの迅速化を図るため，標準的事務処理期間は9か月とされている。

2．品質・有効性・安全性の評価での法規則

a）医薬品の製造販売承認制度（法14条）

新医薬品等の承認権者は厚生労働大臣であるが，厚生労働大臣独自による製造販売承認の可否の判断や，厚生労働省事務当局内で審議により製造販売承認の可否の判断決めることはできず，法14条8項には，新医薬品，新用法・用量，新効能・効果における製造販売承認については，あらかじめ，薬事・食品衛生審議会の意見を聴かねばならないと規定されている。それだけ医薬品等の安全性・有効性の判断には高度の知識と経験がないとできないことから，このように定められている。厚生労働大臣は薬事・食品衛生審議会に諮問し，その答申に基づいて製造販売承認の可否を判断するとされている。

b）サリドマイド事件を受けての安全性確保の規律の必要性からの制度

1960年代に発生したサリドマイド事件を受けて医薬品の安全性確保の規律の必要性が強く認識され，医薬品の安全性確保規制は厳格となった。サリドマイドは，1957（昭和32）年西ドイツで開発され，翌年の1958（昭和33）年には日本でも発売されたが，発売4年後に西ドイツではレンツ警告が出され，我が国の製薬企業，厚生省（当時）は警告を認識していたとされている。しかし，サリドマイドの発売中止・製品回収の措置はその1年後となり，その結果多くの被害者が発生し，スモン事件と並び我が国最大級の薬害事件となった。

このサリドマイド事件が契機となり，厚生省より1967（昭和42）年に，「医薬

品の製造承認等に関する基本方針について」[2] 及び「医薬品の製造承認等に関する基本方針の取扱いについて」[3] が発出され行政指導がなされてきたが，1979（昭和54）年には法制化された。さらに，この時期までは医療用医薬品と一般用医薬品の区別は行われておらず，サリドマイド薬は商品名「イソミン」という名称でテレビ広告も行われていた。しかしこの事件を契機に，医療用医薬品と一般用医薬品を明確に区別することなった。さらに，「医薬品の製造承認等に関する基本方針について」では，製造販売承認申請時に必要な添付資料を明確化し，次項で示す資料を求められることとなった。そして副作用報告についても，行政指導により新たに承認を与えられた医薬品は，承認から2年間の副作用報告を求められたが，1971（昭和46）年には3年間に改正され，さらに1979（昭和54）年には「副作用等の報告」として法制化（法68条の10）され報告期間も限定せず，承認のある限り副作用報告は求められることとなった。本規定に基づく報告制度は「企業からの副作用報告制度」と呼ばれている。

　c）医薬品の製造販売承認申請に際し添付すべき資料の種類規定

　法14条3項では，「[医薬品の製造販売] 承認を受けようとする者は，厚生労働省令で定めるところにより，申請書に臨床試験の試験成績に関する資料その他の資料を添付して申請しなければならない」と規定し，その厚生労働省令は則40条1項に，次の8項目を定めている。①起源又は発見の経緯及び外国における使用状況等に関する資料，②製造方法並びに規格及び試験方法等に関する資料，③安定性に関する資料，④薬理作用に関する資料，⑤吸収，分布，代謝及び排泄に関する資料，⑥急性毒性，亜急性毒性，慢性毒性，催奇形性その他の毒性に関する資料，⑦臨床試験の試験成績に関する資料，⑧添付文書等記載事項（法52条1項）に関する資料，と明確に規定された。⑥の毒性試験では，単回投与毒性，反復毒性，遺伝毒性，がん原等と共に，サリドマイド事件を受けて，生殖発

2）厚生省薬務局長通知「医薬品の製造承認等に関する基本方針について」（昭和42年9月13日薬発第645号）。

3）厚生省薬務局長通知「医薬品の製造承認等に関する基本方針の取扱いについて」（昭和42年10月21日薬発第747号）。

生毒性として幼若動物試験等が求められるようになった[4]。

d）特例承認制度（法14条の3）

しかし，国民の生命及び健康を保つため，安全性の問題を考慮しても迅速供給の必要性が優る医薬品の申請があった場合には，承認の審査段階において，申請に必要な資料の緩和などの特別措置を講ずることにより審査期間の短縮を図り，迅速な医薬品の供給が可能となるよう，「特例承認」の規定を定めた。特例承認では，医薬品等の製造販売承認申請に係る物が，健康被害の拡大を防止するため緊急に使用されることが必要なものであり，かつ，当該薬品の使用以外に適当な方法がないこと，その用途に関し，外国において，販売等することが認められている医薬品であることのいずれにも該当する場合には，厚生労働大臣は通常の審査をせず，薬事・食品衛生審議会の意見を聴いて，特例承認を与えることができる旨を定めている。

なお，特例承認の対象は，医薬品，体外診断用医薬品，再生医療製品に限られている。また，特例承認にあたって省略できる規制は以下の通りである。

①医薬品の承認拒否事由（法14条2項）
②申請に係る医薬品の品質，有効性及び安全性に関する調査（法14条5項前段）
③申請資料の信頼性調査（法14条5項後段）
④申請に係る医薬品のGMP調査（法14条6項）
⑤薬事・食品衛生審議会の意見の聴取（法14条8項）

3. 医薬品の製造販売での法規制

a）ラベル表示

医薬品の製造販売については，医薬品の誤用防止及び安全性への注意喚起への配慮から，販売時における「表示」についての法規制が定められている。医

4）この点については，厚生労働省医薬食品局長通知「医薬品の承認申請について」（平成17年3月31日薬食発第0331015号－別表1）も参照されたい。

薬品の取扱い上の区分は，大きく分けて，毒薬・劇薬，処方箋医薬品，習慣性医薬品，生物由来・特定生物由来製品の4つに分けられ，それぞれの表示義務が定められている。

　なお，以下の規定による規制対象はあくまでも医薬品である。その為，処方箋に基づき調剤され，交付される物は「医薬品」ではなく「薬剤」と位置付けられることから，本規定の適用とはならない。

　b）それぞれの表示義務

　ⓐ毒薬・劇薬の表示（法44条から48条）　　毒薬に係る規制は明治の初期から規定されてきており，医薬品の規制では最も古くから規制され，医薬品使用における安全性の観点からは極めて慎重な扱いが求められてきた。現行法では，毒性が強いもの，劇性が強いものについて，厚生労働大臣が薬事・食品衛生審議会の意見を聞いて指定するとされており，製造販売承認時に毒薬，劇薬は指定されている。毒薬・劇薬の表示規制は法44条に規定され，毒薬及び劇薬による危害発生を防止するため，直接の容器等への記載すべき事項，記載方式を定めている。

　この直接の容器とは，医薬品が直接収められている容器であり，医薬品が入れられている瓶やボトルが該当し，外箱等は直接の容器には該当しない。その為，毒薬・劇薬の表示義務はあくまでも直接の容器への表示が求められており，毒薬の場合は，白枠，黒地に白字で毒を表示し，劇薬の場合は，赤枠，白地，赤字で劇と表示することが定められている。法44条3項では，毒薬・劇薬の法定表示のない毒薬・劇薬は，その販売等が禁止されている。さらに，毒薬・劇薬の取扱いでは，法45条には「開封販売等の制限」が規定されており，薬局及び卸売販売業以外の販売業者は，毒薬・劇薬を開封して販売・授与・貯蔵・陳列することは出来ないと規定されている。また法46条では，譲渡手続並びに譲渡文書の保存義務が規定されており，毒薬・劇薬の譲受人から品名，数量，使用の目的，譲渡年月日，譲受人の氏名，住所及び職業等を記載された文書の交付を受け毒劇薬を販売するとともに，譲渡手続文書は，譲渡の日から2年間保存しなければならないと規定している。毒薬・劇薬では交付の制限も法47条で

規定し，14歳未満の者やその他安全な取扱いをすることについて不安があると認めれる者には交付できないとしている。ここでは，毒薬・劇薬は14歳未満の者に交付できないとされていることから，以下のことへの注意配慮が必要となる。14歳以下の子供や孫を持つ両親，祖父母が子供や孫に，医療機関から発行された処方箋を持たせ，調剤薬局に処方薬を取りに行かせる場合，当該処方箋に記載された医薬品の中に毒薬・劇薬指定医薬品が含まれているときには，調剤薬局では14歳以下の者には交付できないことから，このようなお使いを頼まれた子供や孫には処方箋薬は交付されない。その為，このようなお使いを14歳以下の子供に頼むことは出来ない。また，毒薬・劇薬に係る法では，特に「交付してはならない」とあえて「交付」とされているのは，現実に毒薬・劇薬を渡す行為を意味し，その物の所有権が移転することを要していない。その点，販売又は授与とは別個の概念で把握された行為の様態であり，単に手渡すことも禁止されている。

　また，法48条では毒薬・劇薬の「貯蔵及び陳列」について，他の薬剤と同じ棚に毒薬・劇薬を保管してはならないと規定している。これは一般薬と毒薬及び劇薬の取違えを回避するために，毒薬・劇薬は他の薬剤と区別して貯蔵、陳列することが求められ，さらに毒薬については，貯蔵・陳列する場所には施錠しなければならないと規定されている。

　ⓑ習慣性医薬品への表示（法50条11号）　「習慣性」とは，反復使用の結果として生ずる症状であり，次の特徴を有するものとされている。①薬がもたらす快適感のために，その薬物を続けて摂取しようとする欲求があるが，耽溺性とは異なり，自制できないほどに衝撃的ではない，②耽溺性とは異なり，量を漸次増加する傾向はない。あっても軽度である，③薬効に対する精神的依存度がある程度あるが，耽溺性とは異なり，身体的依存はなく，したがって禁断症状は起こらない，④有害作用は個人的なものであって，耽溺性とは異なり，社会的ではない。以上の4項目が習慣性とされている。

　習慣性医薬品への表示についても毒薬・劇薬同様に直接の容器への表示が求められている。1961（昭和36）年厚生省告示により，睡眠薬としての効能を持つ

医薬品はすべて習慣性医薬品に指定され，「注意－習慣性あり」の記載義務が課せられた[5]。これは，睡眠薬乱用防止への注意喚起をしたものである。

　ⓒ 処方箋医薬品への表示（法50条12号）　法50条12号で規定する「厚生労働大臣の指定する医薬品」とは，処方箋医薬品であり，処方箋医薬品への表示としては，「注意－医師等の処方箋により使用すること」との記載が定められている。処方箋医薬品の販売については表示以外に，法49条で規定されており，副作用が強いとか，病原菌に対して耐性が生じやすいような医薬品は，素人によって非科学的に使用されることがないように販売が制限されている。その為，処方箋医薬品の販売時には，処方箋の交付を受けた者以外に対して，販売，授与が出来ないとされ，但書として，医療関係者には適用されないとしている。さらに処方箋医薬品を販売等した時は，品名，数量又は投与年月日を帳簿に記載しなければならないとされ，この帳簿は，記載日より2年間保存しなければならない，と定められている。

　ⓓ 生物由来製品への表示（法68条の17）　生物由来製品には，「生物由来製品」と「特定生物由来製品」の2つがある。生物由来製品とは，人その他の生物（植物を除く）に由来する物を原料又は材料として製造される医薬品，医薬部外品，化粧品又は医療機器のうち，保健衛生上の特別の注意を要するものとして，厚生労働大臣が薬事・食品衛生審議会の意見を聴いて指定するものをいうとされており，例としては，ワクチン，遺伝子組み換え医薬品，動物成分由来医薬品が生物由来製品とされている。また，特定生物由来製品とは，生物由来製品のうち，販売し，賃貸し，又は授与した後において当該生物由来製品による保健衛生上の危害発生又は拡大を防止するための措置を講ずることが必要なものであって，厚生労働大臣が薬事・食品衛生審議会の意見を聴いて指定するものとされ，主として人の血液を原料とする血液製剤や人組織由来医薬品が該当する。この特定生物由来製品の規定は，血友病患者への血液製剤によるHIV感染や人

5）薬事法50条10号の規定に基づき習慣性があるものとして厚生労働大臣の指定する医
　　薬品（昭和36年厚生省告示第18号）。

の脳硬膜を移植された患者へのクロイツフェルト・ヤコブ病の発症を受け規定され，生物由来製品の中でも特に厳格な管理が求められた。表示としては，生物由来製品は「生物」の文字，特定生物由来製品では「特生物」の文字を，白地，黒枠，黒地で記載することが定められている。さらに，特定生物由来製品で人血液成分を使用している場合は，原料となる血液の採取国，献血，非献血の別を明記することが求められ，これらの使用にあたっては慎重な対応が求められている（則230条，231条，233条）。

4. 医薬品の販売業，販売方法での法規制

　医薬品の安全対策と適正使用の観点から，医薬品の販売業，販売方法についても，法的規制が定められている。

　a）医薬品の販売業の許可の種類（法25条）

　医薬品販売業の許可を定めた法25条では，医薬品販売業の許可として，店舗販売業，配置販売業，卸売販売業の3業態としているが，医薬品を取り扱える業態としては薬局もある。しかし，薬局の開設については，法4条に「開設の許可」として規定されており，都道府県知事の許可がない限り薬局開設が禁止される旨を定めている。薬局は薬剤師が常駐することから，調剤から医薬品販売まで出来るとしているが，医薬品販売業の許可の種類としての分類には入らず，薬局は薬局であり法的には医薬品販売業とはされていない。医薬品販売業許可の種類は上記した3業態であるが，店舗販売業ではさらに2つに分類されている。薬剤師常駐の店舗販売業ではすべての一般用医薬品と共に要指導医薬品まで取り扱うことが出来るが，薬剤師が常駐せず登録販売者による店舗販売業では（第一類医薬品及び）要指導医薬品は取り扱うことが出来ず，取扱い可能な品目は（第二類，第三類の）一般用医薬品に限定されている（法36条の9）。2006（平成18）年薬事法改正前までは，一般用医薬品の販売業態としては，一般販売業と薬種商販売業の2業態があったが，2006年の薬事法改正により，一般販売業と薬種商販売業を1つにまとめ店舗販売業とした。この法改正時には，登録販売者の資格を創設し，それまでの薬種商には登録販売者の資格が与えられた。ここに，明治以来継続されてきた薬種商は廃止されたが，これまで同様に店舗販

売業を継続できることとした。また配置販売業では，取扱品目としては配置販売品目に限定されている。医薬品取扱い上の区分の毒薬・劇薬のところで述べた通り，毒薬・劇薬の分割販売は卸売販売業のみ許可され，店舗販売業及び配置販売業においては毒薬・劇薬の分割販売は禁止されている。

　b）一般用医薬品の区分（法36条の7）

　一般用医薬品は，2006（平成18）年の法改正時に，リスクの程度により第一類医薬品＝リスク懸念のある製品，第二類医薬品＝リスクの少ない製品，第三類医薬品＝リスクのない製品と3つの分類に区分した。第一類医薬品は薬局又は店舗販売を求められ，管理者の資質としては薬剤師とし，情報提供及び説明文書の提供が求められると共に，第二類医薬品でも情報提供及び説明文書の提供は努力義務とされた。第三類医薬品では，薬局，店舗販売，配置販で管理者の資格としては薬剤師又は登録販売者とされ，第三類医薬品では，情報提供・説明文の提供を共に不要とした。この結果，第一類医薬品及び第二類医薬品はネット販売が禁止され，ネット販売はリスクがないとされる第三類医薬品に限るとした。

　c）新たな問題提起

　2006（平成18）年に薬事法改正で一般薬のリスク分類と販売方法を整えたが，その後新しい問題提起がなされた。2009（平成21）年改正の薬事法施行規則により第一類医薬品では店舗販売と共に薬剤師からの情報提供などを義務づけられ，第二類医薬品でも販売時における情報提供及び説明文書提供が努力義務とされたことから，結果として第一類及び第二類医薬品では対面販売が義務化された。それに対し，ネット販売業者より，職業の自由の観点から，一般用医薬品のネット取引を求めて訴訟が提起された。

　ⓐネット販売規制に関する行政訴訟

　　平成21年5月25日　原告「ネット販売業者」が第一類，第二類医薬品のネット販売を行う権利の確認を求めて，国を提訴[6]

6）東京地裁平成21（行ウ）第256号。

平成22年3月30日　東京地方裁判所判決　国勝訴[7]
平成24年4月26日　東京高等裁判所判決　国敗訴[8]
平成25年1月11日　最高裁判所判決判決　国敗訴確定[9]

　最高裁判決では，ネット販売の新たな規制は，ネット販売をその事業の柱としてきた者の職業活動の自由を相当程度制約するものであることは明らかであり，2006（平成18）年の改正薬事法では，ネット販売の規制や店舗における販売等及び情報提供を対面で行うことを義務づけていない。対面販売に限る，ネット販売を規制すべきとの趣旨を明確に示すものは法に存在しないとしたうえで，第一類，二類医薬品のネット販売を禁止すべきと解するのは困難であるとし，国敗訴が確定しネット販売は合法とした。

　ⓑ国敗訴確定後の対応　　国は，2013（平成25）年の最高裁判所判決が確定を受け，第一類から第三類までの一般用医薬品では全てネット販売の解禁に踏み切ったが，ここで一般用医薬品分類には属さない「要指導医薬品」との新たなカテゴリーを創設し，一般用医薬品分類である第一類医薬品から第三類医薬品までの一般用医薬品は全てネット取引を2013（平成25）年に解禁することとした。ただし，ここで新たに創設した要指導医薬品は一般用医薬品ではないとし，ネット販売は禁止されることとした。

　ⓒ要指導医薬品の販売に従事する者の法規制　　2013（平成25）年の薬機法改正では，法36条の5第1項で，「薬局開設者又は店舗販売業者は，厚生労働省令で定めるところにより，要指導医薬品につき，薬剤師に販売させ，又は授与させなければならない」と規定し，要指導医薬品については薬剤師による販売を義務づけた。さらに，法36条の5第2項では，「薬局開設者又は店舗販売業者は，要指導医薬品を使用しようとする者以外の者に対して，正当な理由なく，

7）東京地裁平成22年3月30日民集67巻1号45頁。
8）東京高裁平成24年4月26日民集67巻1号221頁。
9）最二小平成25年1月11日民集67巻1号1頁。

要指導医薬品を販売し，又は授与してはならない。ただし，薬剤師等に販売し，又は授与するときは，この限りでない」と定め，結果として不特定多数が購入できるネット販売を禁止した。ここでいう「正当な理由」とは，平成26年3月18日薬食発0318第6号により，大規模災害時において，本人が薬局や店舗を訪問できないとか，医師等の受診が困難な場合で，かつ代替する医薬品が供給されない場合など，6項目にわたり，正当な理由に該当する場合が示されている[10]。

　ⓓ要指導医薬品に関する情報提供及び指導等　要指導医薬品に関する情報影響及び指導に関しては，最高裁判所の判決文を考慮し，法36条の6第1項に，「薬局開設者又は店舗販売業者は，要指導医薬品の適正な使用のため，要指導医薬品を販売し，又は授与する場合には，厚生労働省令で定めるところにより，その薬局又は店舗において医薬品の販売又は授与に従事する薬剤師に，対面により，厚生労働省令で定める事項を記載した書面（……）を用いて必要な情報を提供させ，及び必要な薬学的知見に基づく指導を行わせなければならない。ただし，薬剤師等に販売し，又は授与するときは，この限りでない。」と規定し，薬剤師による対面販売，購入者等への必要な情報の書面での提供，及び薬学的知見に基づく指導を義務づけ，これにより要指導医薬品のネット販売は認めないとする法的根拠を明確に定めた。

5.　医療用医薬品の販売後での法規制（販売後の有効性・安全性の法規制）

　a）日本におけるPMS制度の流れ

　新医薬品の製造販売承認時には有効性と安全性の確認の為に品目により，4年から10年間の再審査期間が指定される。また，再審査終了後は，厚生労働大臣から再評価の指定を受けたときは，再評価を受けなければならない。再審査期間中には，当初2年間は半年毎，その後は年1回の安全性定期報告を規定している（則63条3項）。また，市販後の副作用報告では，企業報告と医療機関からの報告が規定されており，さらに薬機法に規定されるに至っていないが，「患者

10）厚生労働省医薬食品局長通知「薬事法第36条の5第2項の『正当な理由』等について」（平成26年3月18日薬食発0318第6号）。

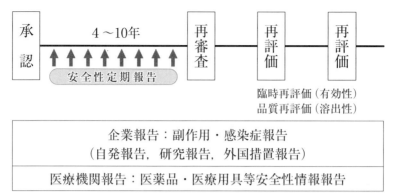

（GVPに基づく情報収集及び評価，再審査，再評価により育薬は行われる）

図2：日本のPMS制度

からの医薬品副作用報告」についても，実施要領として厚生労働省は示し，広く安全性情報の収集を定めている。

b）市販後に行う調査及び試験制度

品目により製造販売後6か月間には短期集中型の「市販直後調査」が求められている。その後については，使用成績調査，高齢者等特定の条件を付した特定使用成績調査，介入試験となる製造販売後臨床試験等により，有効性，安全性確保の為及び育薬の為の情報収集としての調査や試験が制度化されている。新医薬品が承認され販売されることで広く，多くの患者に当該医薬品が使用されるようになるが，これら市販後の調査及び試験は，新医薬品の使用時における有効性・安全性の確保が非常に重要なことから，多義にわたる規制が整備されてきた。我が国でもこれまで医薬品における大きな副作用問題を経験してきたことから，特に安全性への法規制がきめ細かに整備されてきた。新医薬品の製造販売承認時点においては，治験など限られたデータのみから承認されている。それを，開発治験の限界"5 Too's"[11]と言われ，①症例数が少ない，②合併

11）Rogers, A. S.: Drug Intell. Clin. Pharm., 21, 915. 1987.

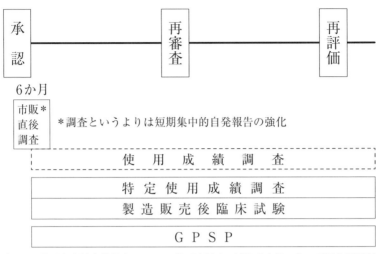

（GVPに基づく市販直後調査，GPSPに基づく調査，試験は育薬の為の重要な情報収集となる）

図3：市販後に行う調査及び試験

症・併用薬によるデータなし，③小児・高齢者への使用なし，④狭い適応，⑤投与期間が短いと，この5項目が指摘された。加えて治験時は専門医による評価が行われること等から，承認時点での情報に限界があるとされ，市販後に医療実態下での新医薬品使用における調査や試験を求めることが規定されてきた。

　ⓐ市販直後調査　　市販直後調査は，法79条1項（許可等の条件）の規定に基づき，承認時に条件を付すことができるとされていることから，承認審査の過程で市販直後調査が必要と判断された場合は，市販直後調査を課すとされている。販売開始直後から6か月間の集中的情報提供と情報収集が市販直後調査である。新医薬品における安全性管理には，販売開始時の初期対応が極めて重要である。その為，市販直後の情報提供と情報収集はきめ細かにする必要が，新医薬品を使用される患者の保健衛生上の観点からは極めて重要とされ，規定されたものである。

　ⓑ副作用・感染症報告制度（法68条の10）　　市販後の副作用報告では，法68

条の10第1項で，製造販売業者は，副作用等を知ったときは厚生労働省令で定めるところにより，厚生労働大臣に報告しなければならないとされ，一方，医療関係者には同条2項で，医療関係者が副作用等を知った場合において，保健衛生上の危害の発生又は拡大を防止するため必要があると認める時には，厚生労働大臣に報告しなければならないと定めている。しかし，医療関係者からの副作用報告には，「必要があると認める時には」と定めており，医療関係者には裁量権が与えられ，見聞きした副作用などの事例すべてについての報告を求めることはなく，重篤なものや添付文書に記載されていないもの，頻発していると思われるものにつき報告が求められている。副作用報告期限は則228条の20第1項に15日報告と，30日報告が定められており，死亡の発生のうち，当該医薬品の副作用によると疑われるものであって，かつ，当該医薬品の使用上の注意から予測できないものまたは使用上の注意等か予測することが出来るものであっても，その発生傾向を予測できないものもしくはその発生傾向の変化が保健衛生上の危害発生・拡大のおそれを示すものは15日報告，15日報告の対象とならない重大な副作用は30日報告と義務づけられている。なお，15日報告，30日報告の報告期限については，当該情報入手日を0日として設定する。また，報告期限日がPMDAの営業外日である場合においては，その翌営業日を報告期限としている[12]。

ⓒ 副作用報告情報の評価及び行政措置　　企業又は医療関係者等からの副作用報告情報は，薬事・食品衛生審議会の医薬品等安全対策部会において検討され，必要に応じ以下の6つの行政措置が講じられる。

①使用上の注意の改訂，②用法・用量の変更，③効能・効果の変更，④毒薬・劇薬，処方箋医薬品等への指定，⑤製造販売の中止，回収，⑥製造販売承認の取り消し等。

ⓓ 副作用情報等のフィードバック措置　　副作用情報のフィードバックと

12）厚生労働省医薬食品局審査管理課・厚生労働省医薬食品局安全対策課事務連絡「副作用等報告に関するQ&Aについての改訂について」（平成26年2月26日）。

しては，以下の7項目が実施されている。

　①添付文書の使用上の注意の改訂，②緊急安全性情報（ドクターレター），③厚生労働省医薬品情報，④医薬品，医療機器等安全性情報，⑤医薬品副作用モニター報告の概要，⑥薬局モニター情報，⑦PMDAのウェブサイト上での情報提供など。

　以上の重合的な情報提供が行われ，医薬品使用後の安全性の確保がなされている。

　ⓔ新医薬品の再審査（法14条の4）　　我が国特有の市販後の制度として規定されているものに，新医薬品の再審査制度及び再評価制度がある。新医薬品の再審査や再評価は，1979（昭和54）年の薬事法改正時に法制化された。

　新医薬品の再審査制度は，新医薬品においては，承認時までに得られている治験時におけるデータでは，先に示したように①試験症例数は自ずから制約がある，②合併症・併用薬におけるデータがない，③通常小児・高齢者のデータがない，④投与期間が短い，等の制約があり，実地医療を反映した適正使用情報は不足している。新医薬品は，詳細な資料提供を求めて厳格な審査が実施されているが，審査に供する承認までに収集されたデータには制約がある。その為，承認後も適正使用の為の情報の収集が必要であるとの観点から，承認後も引き続き新医薬品等の調査を行わせ厚生労働大臣がその安全性・有効性の再確認を行う制度として，新医薬品の再審査制度が規定された。法では新医薬品の再審査制度としているが，再審査制度は新医薬品に限らず，対象は既承認成分であっても，既に承認を与えられている有効成分の用法・用量，効能・効果等が明らかに異なる場合には，薬事・食品衛生審議会の意見を聞いて，厚生労働大臣が指定したものは，再審査を受けねばならないとされている。なお，新医薬品の具体的範囲については，原則として通知で示されている[13]。

　また，1996（平成8）年の法改正では，一定の医薬品について，再審査申請に

13）厚生省薬務局長通知「薬事法の一部を改正する法律の施行について」（昭和55年4月　10日薬発第483号）の第二を参照。

係る資料（以下，再審査資料という）を収集し，又は作成する際に遵守すべき基準（GPSP，GLP，GCPのほか，則61条により準用する43条に示されている基準）を定めることとするとともに，再審査資料が基準に適合するかどうかについて書面による調査又は実地による調査の全部又は一部をPMDAに行わせることができるとした（法14条の5第2項）。

さらに，その使用に関する結果報告を定期的に求めるとし，当該調査に係る新医薬品の製造販売承認を受けた日から起算して2年間は6か月ごとに，それ以降は1年毎に，その期間満了後70日以内に行わなければならないと定めた（則63条3項）。

ⓕ 再審査申請時期と再審査期間（法14条の4第1項）

再審査申請は再審査期間終了後3か月以内とされ，再審査期間は当該品目の特性により3つのパターンにより決められている。オーファン及びオーファンに準ずる医薬品では，6年以上10年以内とされ，既承認医薬品と効能効果のみが明らかに異なる医薬品では6年未満，それ以外の新薬は6年としている。これらの再審査期間の根拠は，①オーファン等では，重篤な副作用が明らかになる時期は経験上10万人程度の使用経験の時点とされている。その為，1年に1万人に使用されたとして，10万人に使用されるには10年を要することから，再審査期間は10年を超えない範囲，②長期間投与時の安全性の確認や遅発性副作用の有無の調査には，患者が多い場合でも3～4年は要し，さらに何らかの有効性，安全性への問題点が生じた時には，2年間程度の追加調査が必要との判断から6年以下，③抗高脂血症剤，血圧降下剤など長期に渡って患者に投与される医薬品で，生存期間の延長，QOLの改善，合併症の予防などの確認が必要な場合には8年間とした。特に，オーファン医薬品についての調査期間は，6年を超え10年を超えない期間と，通常の医薬品より長期間が設定されている。これは再審査期間中においては，当該医薬品の有効性，安全性が未確立であるとの認識のもとに，先発品との同一性の判断に基づく後発品の簡易な承認は行わないこととしているが，オーファン医薬品に係る再審査期間の延長は，その研究開発の促進に資するものとの考えも含まれている。

ⓖ再審査結果の区分（法14条の4第3項）　　本規定は，新医薬品の再審査は，再審査を行う際に得られている知見に基づき，対象品目が法14条2項で定める承認拒否事由に該当しないことを確認することとする旨が定められている。

再審査結果通知は，次の3つの区分による対応が定められている。

【カテゴリー1：承認事項に変更なし】

　法14条2項（承認拒否事由を示したもの）のいずれにも該当しない。

【カテゴリー2：承認事項一部訂正が行われる】

　製造販売承認事項の一部を変更することにより，法14条2項のいずれにも該当しない。

【カテゴリー3：承認取り消し】

　法14条2項の各号（承認拒否事由）のいずれかに該当する。

ⓗ医薬品の再評価（法14条の6）　　"医薬品は直接，人の健康や生命にかかわってくるものであり，一旦承認された医薬品は，品質，有効性，安全性について，薬学・医薬・科学の進歩に応じて見直すことなく，そのままにしておいて良いのか？"との議論が起こった。医薬品の有効性，安全性の評価は，その時代の科学技術のレベルを基礎とするものであり，ある時点で妥当であるとの評価を受けたものであっても，その後の医学，薬学等の科学技術の進歩等により当初承認された有効性，安全性について見直しを行う必要性が生じる場合が起こることから，再評価制度が導入された。再評価申請資料も，再審査同様に資料の収集，及び作成する際には基準に準じることが求められており，さらにその基準に適合しているかどうかはPMDAに調査をさせることができるとされている。再評価は医薬品及び再生医療製品に限られ，医薬部外品及び化粧品はその対象とされていない。なお，医療機器及び体外診断用医薬品につては，使用成績評価（法23条の2の9）の対象となっている。また，再評価指定をするか否かについては，医学，薬学，工学の進歩及び他の医薬品の状況など極めて高度かつ専門的な判断が必要とされているとともに，その対象とされる医薬品等の承

認を受けている者に新たな義務を課す不利益条項であることから，行政庁の判断のみに委ねず，各分野の専門家である学識経験者で構成される薬事・食品衛生審議会に必ず諮問することとされ，再評価指定の公平性が担保されている。

⒤再評価申請資料と再評価提出期限（法14条の6第3項）　再評価を受けるべき者に求められる資料の範囲は，再評価を必要とする理由に照らして定められるべきものであるため，「提出すべき資料」については，薬事・食品衛生審議会の意見を聴いて，個々の公示の中で示される。また，提出が求められる資料を作成するにあたって，比較的短期間で作成可能なものもあれば，新たな市販後臨床試験の実施が必要になる等，それなりの期間を要する資料提出が求められることがあることから，「提出期限」についても個々の公示の中で示すこととされている。

ⱼ再評価結果の区分（法14条の6第2項）　本規定は，医薬品の再評価は，再評価を行う際に得られている知見に基づき，対象品目が医薬品の承認拒否事由に該当しないことを確認することにより行う旨を定められており，結果の区分は再審査と同様である。

【カテゴリー1：承認事項に変更なし】
　法14条2項（承認拒否事由を示したもの）のいずれにも該当しない。

【カテゴリー2：承認事項一部訂正が行われる】
　製造販売承認事項の一部を変更することにより，法14条2項のいずれにも該当しない。

【カテゴリー3：承認取り消し】
　法14条2項の各号（承認拒否事由）のいずれかに該当する。

ⱪ再評価の歴史
　①第1次再評価【行政指導による再評価】
　　1962（昭和42）年9月30日までに承認された有効成分を含む，全ての医療用医薬品を対象とした。

②第2次再評価【1979(昭和54)年薬事法に基づき再評価が法制化】

　　1962(昭和42)年10月1日～1980(昭和55)年3月31日までに承認を受けた，新有効成分，新配合剤，新効能，新用量，新剤型，新投与経路医薬品を対象とした。

③新再評価【1988(昭和63)年通知に基づき】

　　1988(昭和63)年5月末より，全ての医療用医薬品を対象とし，薬事・食品衛生審議会の意見を聴いて厚生労働大臣が指定した有効成分医薬品が対象とされた。

E. 2019(令和元)年薬機法の改正

　前回の薬機法改正時に，検討規定として5年を目途に必要に応じ法の見直しを行うこととされていたことから，今回の薬機法改正の検討が行われ，2019(令和元)年12月4日付で，薬機法の一部改正が公布され，順次施行されることとされた[14]。

Ⅰ. 今回の薬機法改正の趣旨

　医薬品，医療機器等が安全かつ迅速に提供され，適正に使用される体制を構築するため，医療上特に必要性が高い医薬品及び医療機器について条件付きで承認申請資料の一部省略を認める仕組みの創設，虚偽・誇大広告による医薬品，医療機器の販売に係る課徴金制度の創設，医薬品等行政評価・監視委員会の設置，薬剤師による継続的服薬指導の実施の義務化，承認等を受けない医薬品，医療機器等の輸入に係る確認制度等の措置を講ずることとした(改正案理由より)。

---

14) 本シンポジウム開催日には，薬機法改正は検討中であった為に講演内容には含めていなかったが，その後，改正薬機法が公布されたので，ここに改めて記載することにした。

Ⅱ．改正の項目と内容

今回，以下に示す項目の法制化が行われた。

1．医薬品，医療機器等をより安全，迅速，効率的に提供するための開発から市販後までの制度改善に関する事項

a）医療上特にその必要性が高い医薬品，医療機器及び再生医療製品として試験研究の促進の対象となるものの範囲の拡大等に関する事項

①先駆的医薬品，先駆的医療機器及び先駆的再生医療製品並びに特定用途医薬品（以下，先駆的医薬品等），特定用途医療機器，特定用途再生医療製品（以下，特定用途医薬品等）に係る厚生労働大臣の指定制度の創設。

②先駆的医薬品等及び特定用途医薬品等について，他の医薬品，医療機器等の審査又は調査に優先して行うことができる対象に追加すること。

③国は，その用途に係る対象者の数が少ない特定用途医薬品等の試験研究を促進するために必要な資金の確保に努めるものとすること。

④国は，租税特別措置法で定めるところにより，その用途にかかわる対象者が少ない特定用途医薬品等の試験研究を促進するために必要な措置を講ずるものとすること。

b）医薬品，医薬部外品及び化粧品の製造工程のうち保管のみを行う製造所について厚生労働大臣の登録を受けたときは，当該製造所について製造業の許可を受けることを要しないこと。

c）医療上特にその必要性が高い医薬品及び医療機器に係る条件付き承認制度の創設に関する事項

①厚生労働大臣は，製造販売の承認の申請に係る医薬品又は医療機器が，医療上特にその必要性が高いと認められる場合であって，検証的臨床試験の実施が困難である等のときは，臨床試験の試験成績に関する資料の一部の提出を要しないものとすることができること。

②厚生労働大臣は，上記 a）の医薬品，医療機器について製造販売の承認を
する場合には，使用の成績に関する調査の実施，適正な使用の確保のた
めに必要な措置の実施等の条件を付すものとし，当該条件を付した承認
を受けた者は，その使用成績に関する資料等を厚生労働大臣に提出しな
ければならないこと。

d）医薬品，医療機器等の製造管理又は品質管理の方法に関する調査見直し
に関する事項として，以下の場合は当該製造工程について定期的に行われる製
造管理又は品質管理の方法に関する調査を受けることを要しない。

①医薬品，医薬部外品，化粧品及び再生医療等製品の製造管理又は品質管
理の方法に関する調査は，当該製造所が，当該承認に係る品目の製造工
程と同一区分の属する製造工程について基準確認証の交付を受けている
とき。

②医療機器及び体外診断用医薬品の製造販売の承認若しくは認証を受けよ
うとする者は又は受けた者で，承認又は認証に係る医療機器等が，既に
交付された基準適合証に係る医療機器等と同一区分に属するものである
ときや，医療機器等の製造所が基準適合証に係る医療機器等を製造する
製造所であるとき。

e）医薬品，医療機器等の変更計画の確認及び計画に従った変更に係る事前
届け出制の創設に関する事項

①医薬品，再生医療製品等の承認を受けた者は，承認事項のうち製造方法
の変更に関する計画について厚生労働大臣の確認を受けることが出来る
とし，当該計画に従った変更を行う日の厚生労働大臣が定める日数前ま
でに変更を行う旨を届け出たときは，変更に係る承認を受けることを要
しない。

②医療機器等の変更計画の確認及び計画に従った変更に係る事前届け出制等に関しては，承認事項のうち性能，製造方法等の変更に関する計画について厚生労働大臣の確認が受けることができるとし，当該計画に従った変更を行う日の厚生労働大臣が定める日数前までに変更を行う旨を届け出たときは，変更に係る承認を受けることを要しない。

③厚生労働大臣は，②の確認を受けた計画に従った変更に係る承認の申請の場合にあっては，その審査において，品質，有効性又は安全性に関する調査に代えて，計画変更に従った変更であるかどうかについての調査を行うことができる。

f）添付文書の電子化に関する事項

医療用医薬品，医療機器及び再生医療製品については，注意事項等情報を電子情報処理組織を使用する方法等により公表し，当該情報を入手するために必要な符号をその容器等に記載するとともに，製造販売業者は，購入者等に対し，注意事項等情報の提供を行うために必要な体制を整備しなければならない。

g）医薬品，医療機器又は再生医療等製品の製造販売業者は，医薬品，医療機器又は再生医療等製品を特定するための符号を容器に表示する等の 措置を講じなければならない。

2. 住み慣れた地域で患者が安心して医薬品を使うことができるようにするための薬剤師・薬局の在り方の見直しに関する事項

a）薬局の機能に関する認定制度の創設に関して

①地域連携薬局の認定

他の医療提供施設と連携し，地域における薬剤等の適正な使用の推進及び効率的な提供に必要な機能を有する薬局は，地域連携薬局の認定を都道府県知事より受けることができ，この認定を受けない限り地域連携薬局又はこれに紛らわしい名称を用いることはできない。

②専門医療機関連携薬局の認定

他の医療提供施設と連携し，専門的な薬学的知見に基づく指導を実施するために必要な機能を有する薬局は，がん等の傷病の区分ごとに専門医療機関連携薬局の認定を都道府県知事より受けることができ，この認定を受けない限り専門医療機関連携薬局又はこれに紛らわしい名称を用いることはできない。また，専門医療機関連携薬局と称するにあたっては，傷病の区分を明示しなければならない。

　b）薬局の薬剤師が薬剤を販売又は授与する際に行なう必要な情報の提供又は薬学的知見に基づく指導について，映像及び音声の送受信により相手の状態などを相互に認識しながら通話することが可能な方法等により薬剤の適正な使用を確保することが可能であると認められる方法をとることを可能とすること。
　c）薬局開設者は，薬剤等の適正な使用のため必要がある場合には，その薬局の薬剤師に，薬剤等の購入者等の当該薬剤等の使用状況を継続的に把握させるとともに，当該購入者等に対して必要な情報を提供させ，又は必要な薬学的知見に基づく指導を行わなければならないものとすること。
　3. 信頼確保のための法令順守体制等の整備に関する事項
　a）薬局開設者，医薬品，医療機器等の製造販売業者は，薬事に関する法令の規定の順守を確保するために，薬局管理者，医薬品等総括製造販売責任者等が有する権限を明らかにすること，業務の遂行が法令に適合することを確保するための体制を整備すること等の措置を講じなければならないものとすること。
　b）承認等を受けていない医薬品，医療機器等の輸入の確認制度の創設に関しては，

　　①製造販売の承認若しくは認証を受けないで，又は届出をしないで医薬品，医療機器等を輸入しようとする者は，厚生労働大臣の確認を受けなければならい。
　　②販売，授与の目的で輸入するおそれがある等の場合には，厚生労働大臣は確認をしないものとすること。

③自らが使用する目的で輸入する場合等の場合には，厚生労働大臣の確認を受けることを要しないものとすること。

4. 課徴金制度の創設に関する事項

a）医薬品，医療機器等に関する虚偽・誇大広告（以下，課徴金対象行為という）があるときは，厚生労働大臣は，当該課徴金対象行為者に対し，当該課徴金対象行為に係る医薬品，医療機器等の対価合計額に4.5/100を乗じて得た額に相当する額の課徴金を国庫に納付することを命じなければならないものとすること。ただし，業務の改善が命じられた，業務の停止が命じられた等の場合には課徴金を納付することを命じないことができるものとすること。

b）不当景品類及び不当表示防止法による課徴金納付命令があるときは，上記の課徴金額から，対価合計額に3/100を乗じて得た金額を減額するものとすること。

c）課徴金納付命令があることを予知して行った場合を除き，課徴金対象行為者が課徴金行為対象行為に該当する事実を厚生労働大臣に報告したときは，上記 a）又は b）の課徴金の額から，当該課徴金の額に50/100を乗じて得た額を減額するものとすること。

d）課徴金納付命令に関する弁明，納付の督促，執行等に関する規定をつけること。

5. 次の事項をつかさどるため，厚生労働省に，医薬品等行政評価・監視委員会を置くこと

a）医薬品，医療機器等の安全性の確保並びにこれらの使用による保健衛生上の危害の発生及び拡大の防止に関する施策の実施状況の評価及び監視を行うこと。

b）上記の評価又は監視の結果に基づき，必要があると認めるときは，医薬品，医療機器等の安全性の確保又はこれらの使用による保健衛生上の危害の発生若しくは拡大防止のため講ずべき施策について厚生労働大臣に意見を述べ，又は勧告すること。

c）その他所要の改訂を行うこと。

6. 医薬品，医療機器等であって専ら動物の為に使用されることが目的とされているものについては，人用の医薬品，医療機器等に係る今回の改正に準ずる必要な改正を行うものとすること

7. その他所要の改正を行うこと

8. 施行期日等

a）この法律は，公布日から起算して1年を超えない範囲内において政令で定める日から施行すること。

ただし，先駆的医薬品及び特定用途医薬品等の優先審査及び調査，医薬品，再生医療等製品等の製造管理又は品質管理の方法に関する調査の見直し及び変更計画の確認や計画変更に係る事前届出，添付文書の電子化，薬局の機能に関する認定制度の創設，薬局管理者，医薬品等総括製造販売責任者等の権限の明確化及び課徴金制度の創設は，交付の日から起算して2年以内，添付文書の電子化に伴う，医薬品，医療機器又は再生医療製品を特定するため符号を容器に表示する等の措置は，公布の日から起算して3年以内の政令で定める日とした。

b）検討規定として，施行後5年を目途として，必要があると認める時は，改正などの検討を行うとした。

【参考文献】
薬事法規研究会編『逐条解説　医薬品医療機器法』（ぎょうせい，2016年）
厚生労働省Webサイト（https://www.mhlw.go.jp/index.html）

第3部

総合討論

総合討論

発言

  第1部・第2部登壇者

  武田俊彦（【指定発言】厚生労働省政策参与）

  山田徹（メルクセローノ株式会社（現：メルクバイオファーマ株式会社））

  辻純一郎（J&T治験塾塾長）

  木村利人（早稲田大学名誉教授）

  松山圭子（青森公立大学教授）

司会

  鈴木利廣（弁護士，明治大学名誉教授，明治大学学長特任補佐〔当時〕）

  中山幸二（明治大学法務研究科教授，明治大学医事法センター　センター長）

話題提供──40年前の日独シンポジウムの議論を受けて

鈴木利廣[1]

  それでは，第3部 総合討論を始めたいと思います。40年前に大阪で，大阪ドイツ文化センターが「医薬品問題と消費者」という日独シンポジウムを行っています。この報告書をざっと斜めに読んでみたんですけれども，今日のグローバルな，さらには日本の医薬品制度のあり方に対する問題提起などもかなり的

1）［編者註］発言者の敬称については省略する。

確にされているように思いました。これは単なる問題提起でそこをディスカッションしていたわけではないのですけれども，そういうことを考えながら，今後の医薬品制度についてどのようにするのかという提言的なご意見も含めてディスカッションしていきたいと思います。

　さて，40年前の医薬品制度に関する日独比較の中で出てきた，とりわけ日本の方々から出てきた今後の医薬品制度についての問題点を，今日のディスカッションの参考にするために少しご紹介しておきたいと思います。

　1つ目は，医薬品と医療制度の関連性です。医薬品制度というのは広い意味での医療政策，もっと広い意味では健康政策の中に位置づけられていることになるだろうと思います。医薬品制度と医療制度というのはどんな関連性を持っているんだろうかという問題提起が，すでに40年前にされています。これが1点目であります。

　2点目は，今日の報告の中でも出てきましたが，医薬品の有用性判断基準というのは極めて難しい問題が潜んでいるということです。安全性というのは絶対的な基準ではないし，有効性というのも絶対的な基準ではないということです。その絶対的基準ではないような基準を2つ比較しながら有用性判断をするということは極めて難しい問題であります。簡単にいいますと，物差しがあれば，有効性の方が1センチ大きいとか，危険性の方が1センチ大きいとか，こういうことでもって有用性判断は可能ですけれども，ここは極めて判断が困難なことがつきまといます。ガスナー先生の発言の中にもありましたが，こういうものをどうやってうまく使いこなしていくのかという点については，制度だけではなく制度の運用ということも考えていかなければいけないのではないか，というのが2点目であります。

　この2点目に関してはいくつかの示唆が出ています。

　1つ目は，医薬品制度というのは公益的なものではないのだろうかと，公益事業に製薬企業は参加しているのだと，そこがどこまで制度化されてるのかというのが1つ目の問題点であります。

　2つ目は，患者の権利という視点に立った時に，医薬品制度をどう捉えるの

かということであります。ここでは，患者の権利に関しては，早く自分の病気を治すために，早く新しい医薬品を使いたいという患者の権利もありますし，その医薬品は安全でなければならないという安全な医療を受ける権利というのもありますし，この2つは調和をしていなければいけないという視点になると思います。

3つ目は，その中で指摘される専門職責任です。これは医療者を中心にした専門職責任が40年前指摘されていましたけれども，専門職というのは医療者だけではなく行政官や製薬企業の中にも専門職という概念がありうるのではないかと思います。専門職責任という視点です。

4つ目は，このような困難を乗り越えてきたときに，対立から共存へという考え方が大事なのではないだろうか，40年前は，10コマの報告をしていて，学者，弁護士，製薬団体，厚生省の方々が出てきて，10コマで2日間のディスカッションをしていますが，対立的な問題提起がなされたときに，それを共同していくという方向でのディスカッションは残念ながら行われていないということになりました。対立だけでもって，新しい制度が確立するのだろうか，運用が円滑に行くのだろうかというところの問題点であります。

以上の点が，40年前のディスカッションですので，今日の皆さんのご意見やご質問の中で頭の片隅に入れていただければ幸いです。

今日は武田俊彦さんにおいでいただいて，まず冒頭で指定発言としてご発言をいただいたうえで，会場の皆様の発言をいただきたいと思います。

指定発言

武田俊彦

ご紹介をいただきありがとうございました。武田と申します。本日はドイツから，ガスナーさん，ヘルナーさんがいらっしゃいました。本当にいいお話を聞かせていただきまして，ありがとうございました。心から感謝を申し上げます。指定発言ということで，ちょっと感想と，それから行政の立場，法律を作

る側の立場でどういうことを考えているかということ，そして，2日前，[2019年3月] 19日に法律の改正案が閣議決定をされました[2]ので，その中身もちょっと触れてご紹介を差し上げたいと思います。

　まず，本日のセッションでは，日独の比較を通じて世界の薬事規制の最新の動向をよく理解することができまして，本当にいい企画だったと思います。私は，経歴のところを見ていただければわかりますが，厚生労働省に35年間勤めまして，昨年退職をいたしました。厚生労働省のミッションといいますのは，国民に質の高い医療を保障するということであります。私は，薬事規制の担当局長もさせていただきましたけれども，規制の目的も同じでありまして，最終的には，いかに質の高い医療を国民にお約束をするか，提供するか，ということになります。こういうことで言いますと，規制が厳しすぎて，たとえば薬が出てこないということになりますと，厚生労働省はミッションを果たしてないということになります。したがいまして，規制というのはとってもデリケートなものでありまして，それから関係者がたくさんおります。その関係者の皆様方が一番いい形で動いて，そうすると最終的に，国民，患者のためになるというのが，規制の目的であると私は思っております。そういう意味でいいますと，医薬品を開発するのは民間企業でありますけれども，実際に患者さんに投与するのはお医者さんであり，医療機関であります。そして，医療を選択するのは患者ということになります。このそれぞれの関係がうまく動くというのが理想形ではないかと思います。たとえば，規制を厳しくすると，薬が出てこないということになりますし，規制が厳しかったわけでもないんですけれども，10年前の日本は世界の標準的な医薬品が日本にタイムリーに来ていないという，ドラッグ・ラグといわれる問題もございました。こういうことで，今，日本と，それからヨーロッパ，それから，今日は来ておりませんけれども，アメリカと

2）［編者註］本閣議決定に基づき「医薬品，医療機器等の品質，有効性及び安全性の確保等に関する法律等の一部を改正する法律案」が第198回国会に提出され，2019（令和元）年11月27日に可決，同年12月4日に法律第63号として公布された。

いう，この日米欧がですね，時には協調し，時には競争しながら，一番新しい，一番望ましい規制をどうやって作っていったらいいかということを日々考えていると考えていただければ，いいかなと思います。

それで，今，せっかく冒頭発言で鈴木さんから4点お話がありました。一言だけ申し上げますと，医薬品・医療制度ということについて1番目の論点につきましては，まさに薬の承認だけでは，最終的な厚生労働省としてのミッションを果たすことができません。これは理想的な医療体制とセットで考えていくということが必要になります。私，1年間，レギュレーションの局長，そして，その翌年は医療機関の担当の局長になりましたので，こういうことで厚生労働省も一体として考えていく形になってきているということだと思います。

それから，有効性，安全性の問題，2番目の論点につきましては，これは使い方の問題も非常に大きいんです。それで，私ども，最近，適正使用ということをよく言っておりますけれども，新しい薬については承認の内容だけではなくて，医療現場で専門のお医者さんがガイドラインに沿って診療をすることを義務づける方向で動いておりまして，やはり薬を承認するしないだけではなく，いかに医療現場での使い方をキチンとやってもらうかというところが，最近の注目されているところだと思います。

そして，3番目，専門職の責任という意味では，やはりそのそれぞれの立場，さっき申し上げました関係者それぞれの責任問題だけはきちんと役割を果たしていかなければいけない。これは今回の法律の中にも入ってきております。

それから，4番目の対立から協調へということにつきましては，私は，協調なくして理想的な制度，システムは作れないというのが，この35年間の経験でございまして，たとえば，民間企業との関係におきましても，国と民間企業の一定の信頼関係，協調がなければ，世の中よくすることはできないので，今後ともやっていかなければいけないんだなと思っておりましたところ，先程の話がありましたので，非常に感銘を受けたことになります。

それで，一昨日閣議決定をされた法律ですけれども，法律を施行する側の担当局長としては，いかにいい法律を作るかということとともに，いかにちゃん

と運用するかということが，非常に大きな問題になります。前提となる状況として，2年前の日本の状況はきちんと作ったはずの法律が守れなくなってきていた，守らなくなっていた。守ることができなくなった，細かすぎて。それから，当然，製薬企業をはじめ，我々が，守ってくれると思っていた規制を守らない会社とか人達が出てきた。これは，法律の問題というよりは，運用の問題として非常に大きな問題が出てきていたのが，2年前の状況でございます。たとえば，その承認ということをするわけですけれども，内容が変わりますと一部変更承認というものをとらなければいけないという規制になっておりますが，ある企業の問題を発端に全社調査をしたところ，膨大な数の企業が一部変更承認をしていなかったというような問題が起りました。そして，わが国においてほぼ初めてといってもいい，薬局があつかっていたにもかかわらず，偽薬であったという事件も起きた。こういうショッキングな事件が立て続けにありましたので，このあまりに細かすぎる規制は，むしろ守れないということであれば，規制の方を直していこう。それから，守らなくなったということについては，誰が責任者でどういう責任を果たさなければいけないかということをしっかり決めていかなければいけないだろう。こういうことで法律改正の議論をしていったということになります。

　今回の法律改正の中では，先程も条件付き承認という話がヨーロッパの規制で出ておりましたが，私どもその条件付き承認というのも日本でもちゃんとやろうということで，私が局長の時にまず運用で始めたものでありますけれども，これを法律の中に位置づける。そして，先駆け早期承認制度につきましても先駆的なものは早く承認するということで，法律の中に位置づける。こういう国民に早く薬を届けるという形の法律改正が入っています。それから，そのコンプライアンスの観点からは，企業に対して課徴金といいますか，守らなかった場合について罰金のような形で課徴金をとる，お金を収めてもらうという仕組が今回入るようになっております。それから，医薬品等行政評価監視委員会という名前の委員会が，長い間の懸案でございましたが，これが法律に盛り込まれております。これは，この薬事規制というものはどうしても専門家だけの話

になりがちなんですけれども，これも患者の視点を含めて，常に誰かがきちんと評価監視をする。こういう仕組を初めて法律上書くことにしております。

あと，ちょっと面白いところでは，先程花輪さんのご説明の中で，法律で「対面」というのを書いたって話がありましたが，せっかく書いた対面をかっこ書きでテレビ電話もオッケーです，というような改正点が今回の法律案に盛り込まれています。私は，さっきの花輪さんの話にありますように，やるべきことが起きたら，とにかく直ちに対応すると，ただし，法律改正をするときに，それをキチンと法律に取り込んで，制度としてしっかり作っていく。そして，企業はグローバルで活動しておりますので，世界と離齬のないような形で，よく他の国と相談しながら整合的な制度を作っていく。こういうことが大事だと思って仕事をしてまいりましたし，本日の話を聞いてますますその意を強くしたところであります。是非，こういう形の国際交流の場をどんどんやっていただいて，国の行政にもフィードバックしていただければ，最終的にはやっぱり国民が助かるのかなと思いましたので，発言をさせていただきました。どうもありがとうございます。

鈴木利廣

武田さん，どうもありがとうございました。それでは，オープン・ディスカッションにいきたいと思います。まずは質問でもご意見でもいいですが，挙手をいただければと思いますが，いかがでしょうか。

医薬品の承認手続とHTAについて

山田徹

メルクの山田というものです。エルマーがドイツで行っている薬事業務を日本でやっています。よろしくお願いします。先程も40年前のお話がとっても面白かったんですけれども，医療との関係と，有効性・有用性の評価と，あと，アクセス，安全性という構成の中でアクセスラグがあった時代なのかなと思ったんです。この40年の中でかなり日本の制度がグローバル化してきて，アクセ

スラグの問題というのは，かなり40年前に比べて，変な意味じゃないんですけれども，行政と会社が一緒に患者さんに早く出すという考えで，いろんな問題を平等にディスカッションができる場が今はできているので，いいのかなというのが，今の私が40年前の問題点を聞いた感想です。

　質問としては，医療制度というか，日本の医療保険制度は素晴らしいと思うんですけれども，先程エルマーのスライドには，HTAのコンサルテーションというのが開発の段階からあるというのを先程スライドで見ていて，日本でも今，承認後の段階でのHTAについての議論がされていると理解したんですけれども，今の医療保険制度，日本の素晴らしい保険制度を守るために，1つは，どういう形でHTAの議論がヨーロッパの中，EMA［欧州医薬品庁］の中でされているのかというのをお聞きしたいのと，日本の中に開発の段階にHTAという問題，あるいは，法律の中にその問題を組み入れることが可能なのかどうかというところを少しお聞きしたいなと思いまして質問させていただきました。

エルマー・ヘルナー

　そうですね。更なる調和化が必要な部分だと思います。先程申し上げた通り，現在EUの調和化というのは多くの承認手続で進んできてはいるんですけれども，しかし，効果という意味，あるいは，そのコストと比較して開発をさらに進めるべきかどうかというような評価に関しては，それは，どちらかというと各国で行われていることで，あまり調和化が進んでいないわけです。ドイツにおいて，メーカーがイノベイティブな薬品を開発しているといっても中々市場に出せない。というのは，価格の問題あるいは開発費が結局は受け入れてカバーされないというようなことがあるわけです。ということで，承認手続の中では調和化が進んでいるわけなんですけれども，しかしイノベイティブな医薬品に対してアクセスを容易にするには，しかしそういった問題があると開発がブロックされてしまうわけですね。これは，1つの事のいいこと，悪いこと，両面のことが言えると思うんですけれども，一面としては，よりリスクをとるようになっている，つまり，重要なセラピーのためにリスクをよりとるようになっているということ，しかしながら他面では，やはりコストをコントロールしなけ

ればいけないということ，倫理的な問題，倫理的な課題というもの，人間の延
命というようなことがある一方で，しかしながらそのクオリティ・オブ・ライ
フをあげるということも重要になるわけです。そういったことを，どう判断す
るのかということも重要な課題だと思いますし，そういった判断に関しても
EUの中でさらなる議論の調和化が必要だと思います。これは承認だけではな
くて，そういう部分も必要だと思うわけです。

ウルリッヒ・ガスナー

　少し補足させていただきたいと思います。まずは，今エルマーさんがおっし
ゃったことに同意します。さらに，それ以外に2つのことを補足したいと思い
ます。

　最初に，これは政治的な判断が関わってきます。どれほどの資金を医療制度
に使うのかということは政治的な判断です。近代的な医薬品というのは，1人
の患者毎に10万円ということになります。これは非常に難しいけれども，誰が
この料金を負担したということを判定するのか，判断するのかというようなこ
とが問題になりますが，もちろんこれは選挙の際に票数を失ってしまうという
ようなことにもつながりかねないことなわけです。ですから，有権者が望むと
ころ，有権者の票を失わないためにということを考えていくことが政治的なこ
とになってしまうのです。けれども，命，暮らしのクオリティ，クオリティ・
アジャスティッド・ライフということを考えていくと，そのような考え方は，
今現在のところはあまり使われていないと私自身は思っています。で，この2
つの面をやはりバランスよくしていかなければならないということが1つある
と思います。もう1つは，今のヨーロッパではHTAですね。これは規則案で
すけれども，ドイツでは，今，議論されていますけれども，ただEU内でもさま
ざまな国がそれぞれの国独自のコストあるいは料金というものを決定できるよ
うな立場を守りたいということがあるというわけなので，そこのところが難し
いです。

武田俊彦

　それでは，ちょっとこちらからも補足させていただきたいと思います。今の

世界の問題としてはですね，非常に高額な薬剤が出てきたというのが各国が大変困っている問題でありまして，しかしこの超高額薬剤は非常に効果がはっきり出ます。したがって，効果がある薬であっても，非常に高いので医療保険財政が持たない。こういう問題が起きてきまして，したがって，このヘルス・テクノロジー・アセスメントは今やどこの国も考えるように今なってきているわけです。ただ，HTAの問題では，これを保険償還の前提として考えると患者アクセスが凄く遅くなるという問題があがります。ヨーロッパでも，承認はとったけれどもHTAのプロセスを経るために1年位は平均で患者さんの手には届かないということが起きております。これは患者の側から見ても問題だし，開発した企業から見ても1年間販売できないというのは大変なロスになるわけで，いかにこれを上手く制度に取り入れていくかというのは皆頭を悩ませているところなんですね。日本の場合はまだ承認も価格づけも厚生労働省でやっていますので，これは比較的連携をとるのが楽なんです。一方，ヨーロッパの場合は，承認はEUでまとめてEMAにし，ところが価格政策は各国ということになっていまして，ここで制度の主体が違う。これを単純にやりますと，まずEMAと承認の話を1年以上やって承認とった後，国の政府とHTAをやらなければいけないとこういうことになりますが，これではあまりに不合理だし，EMAと各国の両方の制度の評判が下がるので，EMAとしてもその承認の時からHTAのことも念頭に置いた議論をやるということを最近姿勢として打ち出してきている。そう簡単ではないと思います。日本ではどうなっているかといいますと，日本の場合は承認してから原則60日以内に保険償還する，というルールが確立しておりますので，わが国ではすでに，HTAは保険償還するかどうかという入口の議論では使わない，ということをはっきりさせています。したがって，承認が下りたならば，60日以内に値段がついて医療保険で使えるようになる。その後で，このHTAを使って，場合によっては引き下げの議論をさせていただくということが，つい最近決まったルールになります。で，この場合，保険の最初の段階でですね，高額薬剤がどんどん使われたらどうなっちゃうのということがありますので，わが国の場合は最適使用推進ガイドラインを作っ

て，保険に入れるけれども専門医等きちんとしたクライテリアの下でしか使わないというルールを新たに入れたことで，HTAではありませんが，適正使用とセットにしたということなんですね。この適正使用の議論を承認が下りてからやっていると60日ルールに間に合わないので，日本の場合は，審査と並行して適用，最適使用推進ガイドラインの議論をして60日に間に合わせるということを運用として始めています。したがって，わが国はそういう意味ではですね，患者に薬を届けるという意味では世界で1番早い形にしていますが，そのためにはですね，財源が必要になるので，今年の10月から消費税引き上げになりますが，あの皆様，是非，患者のためと思ってですね，喜んで払っていただくとありがたいかなと思います。ちょっと余計なことを言いました，すいません。

ソリブジン事件に関して

中山幸二

　他にいかがでしょうか。挙手いただきたいと思います。

辻純一郎

　今日はどうもありがとうございました。辻純一郎といいます。小西先生からですね，ソリブジン事件が出ましたので一言。

　テレビとか，マスコミなんかで報道されていることとちょっと違うと思うのですね。あの当時，がんは本人に対して告知されてなかった。これが一番大きな問題で，抗がん剤の副作用がより強く出てしまった。承認を取ったのは日本商事，コプロモーションをしたのがエーザイ。両者とも抗がん剤は扱っていない。一方，患者さんは，どうしても免疫力が落ちてしまい，その結果，帯状疱疹が出やすい。だから，そういう情報が抗がん剤を扱っている会社に比べたら不足していた，そういう実務がある。それからもう1つは，エーザイのコプロモーション力，販売力が強かったもんですから一気に売り上げが上がった。それの反省かなと思うんですけれども，その後，市販直後調査という制度ができた。この点につき，ドイツなんかで導入されているのかどうか。これはかなり手間

暇がかかるけれども，安全対策という点では非常にいい制度だと思っていますので，これをちょっと1つお聞きしたい。

　もう1点ですね，ヘルナー先生の方からジェネリック医薬品の話が出ましたので。私も後期高齢者を過ぎており，できれば薬を安く使いたいと思っている。それでそのために，ジェネリックメーカーがちゃんとしたBE試験（生物学的同等性試験）をやっているかどうか，ということを知りたい。できれば抜き打ち検査を，全部検査は無理ですから，抜き打ち検査を行政の方でやってくれるとありがたい。それが安全性担保につながるんじゃないかって思っています。なぜかというと，不正行為は，意図的行為です。意図的行為を防ぐためには，見られているという緊張感を絶えず持たせておく，これが非常に有効だと思うんです。国の抜き打ち検査があれば，ジェネリックを安心して使えるんじゃないかと思っていますので，そういう制度っていうのはドイツにあるんでしょうか。この2つをお聞きしたいと思います。

小西知世

　ご質問ありがとうございます。まずソリブジン事件に関しまして，その対象の患者さんががん患者であって，日本では病名を当時は告知することがあまり一般的ではなかったというそのことが，この事件の背景にあったというお話だったと思います。実は，私，ちょうどその頃に大学院で病名告知，がんの告知の論文を書いておりました。当時，告知をしないという状況の中で起こってしまった，薬剤以外のファクターが入り込んでしまって起こってしまった事件という強い印象が残っています。その中でエーザイは，当時，発覚したあとに，いろいろ法の欠缺みたいな状況があったにもかかわらず自主的に対応策をとったという状況がありました。これは，法に縛られないで，それぞれの立場にある者がやるべきことは何なのか，何をしなければいけないのかということについて，それぞれの立場にある人達が1つの理念あるいは信念をもって動いたあらわれ，として理解しています。それとあわせて，ということにもなりますが，次に，再評価制度とか市販後調査制度など，その後さまざまに改正されてきた法制度ですが，個人的にはいい制度になってきているのではないかと思ってい

ます。ただ，先程私の報告の最後のところでお話させていただいたのですが，制度というものを運用する側がどのように見て，どのようにそれと向き合ってつき合っていくのか，運用していくのかというのがやはり最終的な問題であって，法があれば安心だとか，法があれば何でも解決できるということにはおそらくならないのだろうと思います。この点から，先程，鈴木先生からでたプロフェッションとしての問題につながってくるのかなと感じた次第でございます。

鈴木利廣

　そのソリブジン事件が起きた1993年当時エーザイにおられた辻さんからのご質問でしたが，実は市販後に14人亡くなった段階で回収をしていたかと思います。情報をどのようにしてうまく使いこなしていくのかというあたりも1つの論点かと思いますが，また時間が余りましたらそちらに行きたいと思います。

ジェネリック・メーカーの傾向と市販後調査制度について

中山幸二

　それでは，ジェネリック，特性の問題で，ヘルナー先生にご質問があったと思うんですが。お答えいただけますでしょうか。

エルマー・ヘルナー

　今のご質問の意味がちょっと私の方に十分伝わっているかどうかわからないので確認させてください。1つの視点といたしまして，抜き打ちのテストをしたらどうかということを提案されたというふうに理解しましたが，その理解で正しいでしょうか。それと制裁に関してですけれども……。

辻純一郎

　わが国はヨーロッパとかアメリカに比べるとジェネリック・メーカーがものすごく多い。本当はジェネリック・メーカーをもっと整統合をしなければいけないと思っています。BE試験,生物学同等性試験を受かって初めて承認になる，ジェネリックとして世にでるけれども。中にはBE試験やっているのかという疑わしき事例もある。全部厚労省の方で全部チェックするというのは非現実的

ですから，抜き打ち検査をせめてやっていただければと，そんなに多くの費用を掛けないでちゃんと見ているという警告メッセージを与えることができるんではないかと。そういうことがドイツではどうなっていますか，という話です。

エルマー・ヘルナー

1つは，日本ではジェネリックのメーカーがもっと統合しなければいけないということでしたけれども，まずドイツにおいてはジェネリック・メーカーの割合をもっと増やそうということが検討されています。つまり，いくつかの医薬品に関しては同等なものがある一方で，やはりそのメーカーでしか作ることができないというような医薬品もあるわけですので，そういったものに集中して研究することによって，全体としての保険制度，医療コストを下げようという考え方があるわけです。

それから，次の質的に十分でない医薬品に関するテーマです。たとえば中国のメーカーの医薬品に関して，たとえばその有効成分が十分でなかったりとか，あるいは，発がん性のあるような成分が使われているというようなケースも発生しています。それは，結局リコール，回収ということになってしまったわけです。そういった問題に関しまして，GLP等のコントロールが行われていますが，このようなケースというのは，インドの医薬品とかですね，そういったもののスキャンダル，あるいは，データが不十分でなかったというような問題からいろいろな問題が発生していまして，コントロールが厳しくなっています。しかも，監督当局にとって非常にコストのかかる問題でもあるわけなんです。つまり，1つはコストの問題，コントロールのコストの問題でもあると思うんです。ということで，たとえば他国のそういった機関のデータを提供してもらうとか，あるいは中国やインドのそういった医薬品に関するスタンダードを改善するとか，そういったことが最終的には必要になると思っています。ただ，コントロールを厳しくするのは，コスト的な問題で難しいという点もあるということです。

ウルリッヒ・ガスナー

補足をしたいと思います。また先程と同じようにヘルナーさんのおっしゃっ

たことに全て同意するわけですけれども。理解しておかなければならない重要な点というのは，承認のレベルで一般的にそのハードルを高くするということはあまり意味がないということです。そういうことをすると革新的な医薬品が市場にくることをブロックしてしまうことになるという問題があると思います。

　そして，もう1つ，ヨーロッパにおいては，まだ施行されていないですが，今後施行される予定になっている臨床試験の分野における市場後のコントロールについての新しい規則により，実際のところ，こういう査察を行うということを強化することになってくることになります。しかし，査察をする当局の方でそれだけリソースがないという大きな問題が1つあります。私は，やはり人が足りないということが非常に大きな問題であると思います。また医療機器分野において，新しい2020年，2022年に施行される新しい規則ですけれども，これも市場導入後のコントロールが少なすぎるというところの問題を捉えたものでありますので，監視当局が製品のコントロールを抜き打ち検査で行っていくということを規定するものです。最終的なポイントはまだ議論されておりませんけれども，責任の問題になるかと思います。サリドマイド事件がドイツでも起こりました。ここから私たちが学んだことは，非常に厳格な医薬品責任というものがヨーロッパにもアメリカにも展開され，企業がきちんと関連規則を守らなければならないことになりました。けれども，非がないのにもかかわらず損害賠償を払わなければならないような責任問題になってしまうということもありうるわけです。そうなりますと，メーカー側の課題としては，やはりこういった責任問題に発展しないよう製薬会社が非常に慎重になるということもあると思います。

　あと2点ほど補足したいと思います。医薬品の安全性を向上させるという点に関して，もう2つのイニシアティブがあります。

　臨床試験イニシアティブ以外にも，偽造医薬品からの保護の指令が存在します。すなわち，パッケージ包装の部分に，各包装のところにバーコードが印刷される。そして，メーカーの方がそれが中央的なシステムの中に登録されるということをきちんと保障する。さらに，そのシステムに薬局もアクセスできる。

つまり，メーカーの方も，承認が下りた段階ですぐに，そのデータが全ての販売チェーンの中で今どこにあるのかというのがわかる，今，病院にあるのかあるいは薬局にあるのかというのが，全てバーコードがスキャンされることによりわかるという制度になっています。そして，実際に販売された段階では，システムから削除される。患者さんの手に渡った段階で，そのシステムからはもう外に出ましたよという合図が出るわけですので，偽造医薬品がそのシステムに入ってしまうということは，こういう正式なバーコードをもって防げるのではないかと思います。

2つ目として，今の透明性システムというものがあります。非常に長く議論されていましたけれども，IAIDMP（アイデンティフィケーション・オブ・メディシンプロダクト）というものです。これも，さまざまな段階を経て導入されることになりますが，アメリカのFDAの方でも同じような計画があったと聞いています。メーカーはさまざまなデータを当局に渡さないといけません。すなわち，自らが製造した商品がきちんと，その背景に何があるのか成分は何なのかというのがわかるようにきちんと当局に知らせなければいけない。リアルタイムでメーカーから当局にデータがいくわけですので，当局の方も非常に多くのデータが得られるようになります。ただ，あまりにもデータの容量が大きくなりすぎてしまうので，このデータを処理する，そして，さまざまなシステムで現在あるデータを統括して，当局の中で一貫してまとめて保存するというのが非常に大きな問題になってくると思います。今までは，ファーマコビジランスや製造工程中などに，異なる当局に異なるデータを渡していたわけですけれども，これを調和させて1つの機関でまとめるという試みです。EMAの方で議論されています。このことによって，やはり規制当局等も，もし何らかの医薬品のリコールを行う場合，あるいは，たとえば中国の医薬品成分に何か問題があった場合には，EMAやヨーロッパの当該機関がすぐにリコールできるというメリットがあるわけです。そのデータが一貫したところでまとめられていれば，より早い段階でリコールが可能になるので，安全性にも寄与することですし，今までのやり方よりも安全性に寄与すると思います。これを，もっと早い段階

でEMAは導入しようと思っていましたが，イギリスのEU離脱のこともあっていろいろと手が回らなかった部分もあったようです。これも非常に大きく議論をされていて，透明性の確保の面で，あるいは，医薬品の安全性や品質を向上させるための1つのシステムです。

倫理委員会とその構成員について

鈴木利廣

　他の方のご質問，ご意見を受けたいと思いますが。いかがでしょうか。

木村利人

　早稲田大学の木村です。このドイツの医薬品法と，それから，医療機器法の両方にですね，倫理委員会というのが出てくるわけですね。このドイツ語の方の資料に，エシック・コミッシオーネン（Ethik-Kommissionen）というのが出てきますが，実際にエシック・コミッシオーネンというもののストラクチャー，それからファンクション，それから，実際にそれはどういうふうに手続をして，展開されてきたのかということについて，ガスナー先生におうかがいします。私はバイオエシックスが専門なものですから，詳しくおうかがいしたいと思いました。

ウルリッヒ・ガスナー

　ご質問いただきましてありがとうございました。そうですね。これに関しては，ちょっと話始めると話が長くなるかもしれません。医療機器に関して，医療製品に関してお話されたわけですよね。医療製品に関しましては，アメリカにIRB（Institutional Review Board）という機関があるのですけれども，この制度，委員会をドイツは取り入れました。そして，医薬品と医薬製品，医薬機器に関して適用したわけです。つまり，医療機器に関しても臨床検査をしなければいけないという，そういう考え方があるわけなんです。たとえば体内に埋め込むようなインプラントであったり，人工関節であったりとか，そういった，いわゆるリスク段階3に属するものですね，それに関しては臨床検査をしなければ

ならないという考え方です。で，クリアランス，つまり，このような臨床検査の結果が倫理的な基本原則に反しないということですね，そういったことを検討します。そして，この倫理委員会ですが，最近また改革されまして，これは各州の管轄になりました。国ではなくて，各州の管轄になりました。これはその各州の医療監督機関の中に設置しなければいけないということになったんです。このコミッションのメンバーですが，州法上，あるいは倫理委員会規則上，医師，そして最低1名，法曹資格を有する者（例えば民事裁判所で医師の責任の問題を扱う裁判官，医事法を研究・専門領域とする大学教授）がメンバーになります。あるいは，宗教家であったりとか，哲学者も関わる場合があります。で，この組織が決定を下すということになります。このような倫理的な問題は，倫理委員会で議論されていましたが，しかしながら，医療機器に関する専門的な知識をもつ人がメンバーになることは今までありませんでした。ですので，たとえば，自動車に関することを検討するのであれば自動車の専門家が必要であることと同じように，やはりそういった医療に関する倫理委員会には医療機器に関する専門家が必要ということになりました。ご質問のお答えになったでしょうか。

鈴木利廣

　今の倫理委員会には，患者とか市民参画というのはないのでしょうか。

ウルリッヒ・ガスナー

　市民の参加ですね。いろんな部分，たとえば都市計画とかそういう部分では市民参画というのがあり市民が一緒に議論に加わるということもあるんですけれども，しかしながら，この分野においては今まで市民の参加は行われてはいません。たとえば，介護職であったりとか，あるいは看護師のような人々が，たとえば医師とはまた別の視点でそういった医療機器に関して判断できる場合もあります。あるいは医師よりもさらに多くの経験を持っている可能性もありますので，介護職の人や看護師が参加する場合もあります。

鈴木利廣

　この市民参画についてご質問させていただいたのは，やはり医療は患者保護

のための公益的制度だということになれば，その客体ではなく主体である患者の意見をどのようにして反映させていくか，というのがたぶんこれからの課題ですし，現在進行形の課題だと思います。病院倫理委員会とか研究倫理委員会ではそういう人達が入ってきているのが日本の現状ですので，そこは1つの大きな課題として今後検討していくということになるんじゃないでしょうか。

　他に，ご質問ご意見いかがでしょうか。

　早期承認なんかは，いい薬を早く患者に届けるという意味では，ある意味患者の権利を保障するという視点をもっていると思うんですが，それとはたぶん対極にあるであろう安全の確保という点の議論も少ししておきたいと思います。その安全を専門家だけで確保できるのだろうか，製薬企業や医療専門家や行政だけで確保できるだろうか。制度を運用していくときにそれだけでほんとにいいんだろうかという問題なんかもあると思うんですがいかがでしょうか。

専門家の評価が分かれる医薬品

松山圭子

　青森公立大学の松山です。先程の，たとえば，非常に高額な薬が出てくるようになって，でもそういう場合でも，専門家もこの薬は非常にいい薬だと，患者も本当に心から使いたいというふうに一致している場合の方が，まだ話は簡単ですが。もっとも，お金不足になるという意味では簡単ではないんですけれども。他方，専門家の間で評価の分かれているような医薬品というのもあるわけで，つまりその薬品評価が正当に評価がなされて承認というのはすごく大事なプロセスであるにもかかわらず，専門家の中で意見が分かれ，かつ，患者としたら，どの専門家の見解に賛同するかで正反対の結論が出る場合もあります。今日のシンポジウムの中では，直接は出てこなかったと思いますけど，たとえば，ホメオパシー薬品なんていうのがこの中に入っているわけで，非常にホメオパシー薬品が優れているって考えている人にとっては素晴らしい，そうでない人にとったら，ある意味，こう本当に水に近いようなもの，希薄な成分しか

含んでいないような紛いものっていう感じですよね。そういう全く正反対のものを制度の中で正当に評価してかつ位置づけていくっていうのはすごく難しいと思うんですけど，その点はどうお考えになっておられますでしょうか。

ウルリッヒ・ガスナー

　ありがとうございます。非常に広域にわたる質問であり，お答えするのも難しいのですけれども，まず，ホメオパシーの薬ですね。これは法定保険で支払われることのできる薬です。給付対象になります。ですので，メリットとコストの関係というものが非常に重要になってくるわけですが，その有効性がなくても，これは提供することができるわけです。有効成分がなくても，信じる人にとってはこれは効くわけなのですから。そういう人には効くのです。ドイツでは「直せる人が正しい」という言葉があります。エビデンス・ベースの薬というのがあり，通常これは科学的な視点から見ると有効性の証明ができたものになりますが，それができないということになると，プラセボ効果というものがあるから効くのだということになります。医薬品は試験されませんが，試験をする場合，毒性試験というのはします。肝臓に悪いだとか，そういったところについての試験をしたものがありまして，それがドイツにおいてはスキャンダルになったことがあります。そういう薬もありました。塗り薬とか，あるいは，何らかの薬が有害であるということもありました。多くの場合，この薬品は，処方箋なしで使用することができるOTC一般薬というものになります。イタリアとかスペイン等ではまた違うやり方をしているのですが，それはやはり国によってどのように一般薬やそういったものを扱っていくのかということになり，それぞれ国によって違います。

松山圭子

　ホメオパシーについて聞きたかったというよりは，むしろ，その人によって評価が違うので，それを反映して患者の中でも，ある意味，複数の正義があるみたいな場合の規制ということは難しいのではないかなと思って，その極端な例として，ホメオパシーというのを挙げさせていただきました。どうもありがとうございます。

武田俊彦

　日本でも，かなり古くから使われている薬というのが効果があるのかどうかの議論があるものがございました。それで，さっきあの花輪さんのご紹介の中だったと思いますが，再評価制度を入れてから再評価にかけて，結局，効果がはっきり認められないという理由で削除した薬がいくつかございます。それで，ホメオパシーはですね，1万人医者がいたら9,999人効果がないと言うと思いますので，わが国では保険で使われることは絶対ないと思います。ややこしいのも確かにありますが，その場合は，真っ二つに分かれるようなものは基本的な承認が下りない，保険でも使えないというのが今の実態だと思います。有名なところではがんの免疫療法というのがありますが，これは先進医療にジャンルを分けてデータをとりましたが，有効性が出なかったので，先進医療から削除してますけれども，自由診療として今使っているというような状態です。日本の場合は保険で使われているかどうかが1つの目安になって，2つに意見が分かれているようなものは，保険ではまず取り入れられないというのが今の運用かなと思いましたので，ちょっとそれだけ。

鈴木利廣

　ご質問の中で専門家の意見が分かれているときに，患者としてどうするかという視点があります。アメリカでいくつかの薬について，有害作用が出てこれを市場に残すのかどうかということを専門家委員会にはかったところ，ギリギリ多数決で市場に残すという結論になったわけです。しかし，実はその市場に残すという意見を出した人と，市場から撤退すべきだという意見を出した人を2グループに分けて，企業からお金をもらっている，いわゆる利益相反のある人とない人に分けてみたら，企業からお金をもらっている人の大半が市場に残せと言ったと，そして企業からお金をもらっていない人の大半が市場から撤退させるべきだと言って，1票差2票差で市場に残ったという事例，アメリカで確か2つくらいの薬であったかと思います。この専門家の意見が分かれるというのも，なぜ分かれるのかというのは，必ずしも科学的な意見の対立ではなくて，利益相反も加味した上で評価していく，ということが必要なのではないかと。

その意味では，医薬品監視の重要な視点が，今は世界的にも利益相反を明らかにするということが1つの医薬品の安全性確保のための論点になっているわけです。アメリカやヨーロッパではこの利益相反関係を明らかにすればいいということになっているのですが，明らかにするだけでは実はその利益相反，医薬品の評価を是正することができないのではないか。つまり，利益相反のある人は，そこの意見の中に入ることができないという制度が必要なのじゃないかという意見もあります。

　この点，ヘルナーさんが手を上げられましたので，コメントいただければ。

エルマー・ヘルナー

　そうですね。それに対して2つ申し上げたいと思います。

　患者に対してそのような対立した意見があったということをどのように伝えるかということ，それに関してはアメリカでもヨーロッパでも，ブラックボックス・ワーニングという方式があります。これによって，新しく承認されたばかりの医薬品に関して，この黒い三角をつけることによって，患者に対してより注意深くこの薬を使うように，たとえば，より緊密に医師と相談するとかそういったことを求める，そういったシステムがヨーロッパ，アメリカにはあります。つまり，こういったことによって，そのようなリスク・プロファイルがより高い医薬品に関して，そういった警告制度を導入しています。そういった形で個々のケースに対処しています。それが患者に対する情報の透明性ということです。

　それから先程の2つ目の点として，そういった判定する組織あるいは委員会等でどういう人が意見をいうべきであるかということですが，ここ数年間のことですけれども，まずメーカーに対してセーフティ・ポスト・アプルーバル・セーフティ・スタディ，つまり，承認後の安全性再審査という手続をしなければならないという規定があり，その枠組の中でさらに安全データを集めるポスト・アプルーバル・エフィカシーのテストを行います。この枠組の中では，本当にその薬品に効果があるのかどうかということを調べます。その中には，いろいろな人々を対象にするわけですが，子供や女性，あるいは妊娠をしている

人等のいろいろな患者を対象にしてテストをします。テストをするというか，そういった患者からの情報をとります。で，そのことによって，リスクをさらに詳しく，半年後あるいは1年に1回という形で情報を集めて，そして本当に安全性が確保されているのかということを早い段階で，承認の早い段階で知ることができるという制度があります。

ウルリッヒ・ガスナー

　それに対して補足ですけれども，中心的な問題というのは今おっしゃったことですが，そういった専門家・委員会の中で，委員会のメンバーがどういう人なのか，これは偏りがあってはいけないということだと思うんです。ある特定の利益を代表しているとか，そういった人に固まらないように，こういった人，メンバーを選ぶのは結局は承認機関の担当，行政機関の問題，あるいは役割ではないかと思うのです。ドイツにおいては，たとえば，薬学の専門家あるいは医師等に関して規定があり，その専門家は自分の中立性を証明しなければいけないという規定があります。つまり，その者が，たとえば，医薬品メーカーと関係をもっていたとしたら，それも公開しなければいけない，もしその公開していた情報が正しくなければそれに対して制裁があるという，そういった規定があります。

おわりに

鈴木利廣

　この医薬品制度の有効性・安全性を確保しながら，いち早く患者に提供していくという，医薬品制度の問題点は，今日1日で終わるようなテーマではないのですが，そろそろ時間も来てしまいました。

　今日論点にならなかったところを指定発言者の武田さんにご質問させていただければと思います。先程武田さんのご紹介の中に，今回の薬機法改正の閣議決定がされた法案の中に，医薬品行政評価監視委員会というのが設定されているということです。この医薬品行政の，これは行政がやってきていることを評

価監視しながら，医薬品の安全性をどうやって高めていくかということだろうと思うのですが，これを作った目的とか経過とかというものを1つコメントいただきたいと思います。さらに，医薬品の安全性有効性があるのかないのか，どの程度なのかということは，専門家と行政と企業だけで判断できるのだろうか。日本にも医薬品民間監視団体があるわけです。この民間監視団体は，アメリカではパブリック・シチズン等が，ヨーロッパではフランスのプレスクリール等がしています。日本でも，私が代表しています薬害オンブズパースン会議とか医薬ビジランスセンターというものがあります。そういうところが，この20年間くらい民間で医薬品監視をしているのです。

　行政の中に評価監視委員会をつくることとか，民間監視団体の役割といいますか評価みたいなものを武田さんの立場からはどのようにお考えなのかを，コメントしていただいて，それで終わりにしたいと思います。よろしくお願いします。

武田俊彦

　はい，ありがとうございました。先程ご紹介いたしましたが，今回の法律改正案の中に医薬品等行政監視委員会というものがあります。これは，常設の機関として設立をされ，独立性の高いものとして想定をされています。厚生労働省の中には設置をするんですけれども，独立の立場で活動して，資料の提出も求めることができるようになると思っております。これは，もともと先程からお話がありますような過去の薬害の歴史，そして，医薬品の有効性安全性の問題を専門家だけの議論でいいのかといった問題等々がありまして，これを総合的に解決する仕組の1つとして，かねてから言われてきたものであります。今回合意ができて法律の中に盛り込まれたということになりますが，私がいた時の感じでいいますと，やはりこの医薬品の議論は，今日の議論をずっと聞かれていた方もわかると思いますが，非常に技術的な話が多いです。けれども，結果として，何か問題が起きる時に被害を受けるのは，技術を知らない患者ということになります。したがって，その技術的問題ではあるけれども，やはりその国民の眼がそれを見ているという体制は，私も必要なものだなと感じました。

それで，私の時には，まずは審議会として医薬品制度部会というものを立ち上げまして，やはり常設の議論の場が必要だろう，しかも専門家だけではない議論の場が必要だろう。それで，そこが今回の法案審議の主な場になりまして，議論をして必要性を認めてというような流れであります。したがって，これは非常に意義があることかなと思います。

　それから，先程からお話がありました過去の薬害の歴史ですが，申し上げましたように私が35年役人生活ということは，35年以上前の話でリアルで覚えている人は今役所にいないということです。そういうことを考えますと，どこかにそういう過去の記憶を留めておくところというのがあってもいいと思いますし，今ご指摘にありました民間の評価機関といいますか監視機関といいますものもそういう意味で置いて，歴史の伝承とともに，全くの市民ではないけれども，一定の法知識と歴史を背負った人達が見ていくというのは大事なことかと思います。ただ，その民間の立場でというのは，実は言うのは簡単ですけれども中々難しくて，技術的な話が大きくなってまいりますと，ある程度のサポート，ある程度の資金面でのものがなければ難しいのかもしれません。また，せっかく行政評価監視委員会ができるのであれば，そこの場に参画をされるというのも1つの考え方だと思います。いずれにいたしましても，まだ具体的な話はこれから法律が通ってからということになると思いますので，是非，わが国の英知を結集した形の仕組になるといいなというのが，今回私参加しておりませんけれども，見ている側の経験者としてはそのように思って見ております。ありがとうございました。

鈴木利廣

　どうもありがとうございました。ちょうど定刻になってしまって，中途半端な終わり方ですけれども，今後も引き続き明治大学の医事法学の中で，ELM，そして，法務研究科医事法センターで医薬品も含めた医事法制全体について研究・教育をしていきたいと思います。今後とも明治大学の医事法学にご注目いただければと思います。今日はどうもありがとうございました。

記　　録

国際シンポジウム
『医薬品・医療機器をめぐる日独諸制度の比較』
開催概要

主催：明治大学ELM

　　　　明治大学法学部比較法研究所

後援：明治大学法務研究科医事法センター

日時：2019年3月21日（木・祝）10:50〜19:00

場所：シンポジウム　　明治大学駿河台キャンパス　グローバルフロント

　　　　　　　　　　　　　グローバルホール

　　　　レセプション　　明治大学駿河台キャンパス　グローバルフロント

　　　　　　　　　　　　　グローバルラウンジ

プログラム

　シンポジウム　10:50〜17:20

　　10:50〜10:55　開会の辞　明治大学ELM館長　村上一博

　　10:55〜11:05　企画説明　明治大学ELM運営委員長　小西知世

　　11:05〜12:40　第1部『医薬品・医療機器に関する制度概要』

　　　　　　　　　　　　　　　司会：明治大学比較法研究所　黒澤睦

　　　　　　　　　　「ドイツにおける医薬品・医療機器に関する法規制シ

　　　　　　　　　　ステムの制度概要」

　　　　　　　　　　　アウクスブルク大学IBGM　Ulrich M. Gassner

　　　　　　　　　　「日本の薬事制度の素描——薬事法の沿革を中心に」

　　　　　　　　　　　明治大学ELM　小西知世

　　12:40〜13:40　お昼休み

13:40〜15:30　協賛企業のご紹介　小西知世

第2部『医薬品の制度をめぐる制度』

　　　　司会：明治大学法務研究科医事法センター　中山幸二

「産業的観点によるEUの医薬品の許認可」

　　　MERCK KGaA　Elmar Hörner

「医薬品の規制を巡る日本の法制度」

　　　塩野義製薬株式会社　花輪正明

15:40〜13:40　第3部『総合討論』

　　　　司会：明治大学学長特任補佐　鈴木利廣

　　　　　　　明治大学法務研究科医事法センター　中山幸二

第1部・第2部登壇者

指定発言者：厚生労働省政策参与　武田俊彦

17:10〜17:20　閉会の辞

　　　明治大学比較法研究所所長　Heinrich Menkhaus

レセプション　17:30〜19:00

　　　ご挨拶　明治大学学長　土屋恵一郎

（通訳チーム：片岡治代，藤野哲子，ラプシュ麻衣）

登壇者・指定発言者 略歴

※データはシンポジウム開催当時

アウクスブルク大学法学部教授　ウルリッヒ・M・ガスナー

1983年10月〜1987年7月	エバーハルト・カールス大学チュービンゲン法学士課程
1987年7月	第1次司法試験（バーデン・ヴュルテンベルク州）合格
1990年6月	第2次司法試験（バーデン・ヴュルテンベルク州）合格
1994年7月	エバーハルト・カールス大学チュービンゲンにて法学博士号取得
1994年5月〜1995年4月	ドイツ行政大学院大学シュパイヤー研究課程
1995年1月	エバーハルト・カールス大学チュービンゲン法学部に教授資格論文を提出し、「公法（ヨーロッパ法含む）」分野の教授資格を取得
1995年4月	ドイツ行政大学院大学シュパイヤーにて行政学マギスター号取得
1995年4月〜1995年9月	アウクスブルク大学教授職代理、エバーハルト・カールス大学チュービンゲン非常勤講師
1996年7月	オクスフォード大学にて法学修士号（ヨーロッパ法及び比較法）取得
1997年4月〜	アウクスブルク大学教授（公法学）
2005年1月〜	医療機器法研究所（FMPR）創立所長
2005年10月〜2005年12月	オクスフォード大学ヨーロッパ・比較法研究所客員研究員
2007年1月〜	アウクスブルク大学バイオ・衛生・医事法研究所（IBGM）共同創設者及び共同所長
2007年3月〜2009年2月	パリ第5大学（ルネ・デカルト）法学部招聘教授
2010年11月〜2011年9月	アウクスブルク大学法学部学部長
2011年10月〜2013年9月	アウクスブルク大学法学部副学部長
2011年10月〜2013年9月	アウクスブルク大学評議員
2014年10月〜2015年11月	アウクスブルク大学法学部学部長
2015年4月〜	フィリップ大学マールブルク「薬事法」継続教育課程講師

2015年10月～	eヘルス法 (FEHR) 研究所創立所長
2015年11月～2016年10月	アウクスブルク大学法学部副学部長
2015年11月	ジョージタウン大学 (ワシントンD.C.) 法センター客員研究員
2019年2月～	アウクスブルク大学継続教育・知識伝達センター (ZWW) 指導審議会議長代理

明治大学法学部准教授, 明治大学ELM運営委員長　　**小西　知世**

1995年3月	國學院大學法学部第1部法律学科卒業
2002年7月	明治大学大学院博士課程法学研究科民事法学専攻博士課程単位取得満期退学
2002年8月	筑波大学社会科学系社会科学専攻法学分野助教授
2010年6月	明治大学法学部准教授

MERCK KGaA 市場流通製品グローバル
許認可部門一般医療用医薬品 (心血管領域
及び新規製品開発) 治療部門グループ主任　　**エルマー・ヘルナー**

1996年10月～2003年9月	生物学学士課程 (カイザースラウテルン工科大学, ドイツ)
2001年5月～2001年9月	生物工学における天然素材の遊離に関する企業実習生 (シンジェンタ〔Syngenta〕株式会社, スイス・バーゼル)
2004年1月～2004年8月	TSH (Technoligie Stifung Hessen) 有限会社 (ドイツ・ヴィースバーデン) 社団法人Science4Life プロジェクトアシスタント
2005年1月～2010年5月	STADA R&D 有限会社 (ドイツ・ヴァートフィルベル) 許認可専門職員
2010年6月～2013年10月	Hormosan 薬品有限会社 (ドイツ・フランクフルト, Lupinグループ〔ヨーロッパ〕) ヨーロッパ許認可専門職員
2013年10月～2018年7月	MERCK KGaA (ドイツ・ダルムシュタット) 心血管領域調整主任
2016年10月～2018年9月	薬事経営学修士課程 (ゲーテ大学フランクフルト経済経営学部, ドイツ)
2018年8月～	MERCK KGaA 一般医療用医薬品 (心血管領域及び新規製品開発) 治療部門グループ主任

日本製薬工業協会医薬品評価委員会副委員長，
塩野義製薬株式会社薬事部部長　**花輪 正明**

1971年3月	東京農工大学工学部卒
1971年4月	塩野義製薬株式会社入社，第3学術部配属
1993年9月	業務部
1999年4月	業務部　部長
2002年4月	薬事法規部　部長
2007年4月	薬事法規部　理事　部長
2008年4月	開発薬事部　部長
2015年4月	薬事部　部長
上記のほか	日本製薬団体連合会　再評価委員会委員長
	日本製薬工業協会　コード・コンプライアンス推進委員会委員
	日本製薬工業協会　透明性推進部会委員
	千葉大学医学部附属病院　特定臨床研究専門部会委員
	日本小児科学会　学会運営COI委員
	東京理科大学薬学部　TRセンター・アドバイザー
	日本臨床腫瘍薬学会　利益相反アドバイザー

厚生労働省政策参与　**武田 俊彦**

1983年4月	厚生省採用
1996年4月〜 1998年3月	北海道庁（高齢者保健福祉課長等）
1999年8月	厚生省大臣官房政策課企画官
1999年10月	同　大臣官房人事課秘書官事務取扱（丹羽雄哉厚生大臣）
2000年7月	同　大臣官房政策課企画官（併任　健康政策局）
2001年1月	厚生労働省大臣官房総務課　企画官（併任　医政局）
2002年8月	同　保険局医療課　保険医療企画調査室長
2004年7月	社会保険庁運営部　医療保険課長
2006年9月	厚生労働省医政局　経済課長
2008年7月	同　保険局　国民健康保険課長
2009年7月	同　医政局　政策医療課長

2010 年 7 月	同　保険局　総務課長
2011 年 8 月	同　政策統括官付　社会保障担当参事官
2012 年 9 月	総務省消防庁審議官
2014 年 7 月	厚生労働省　大臣官房審議官 (医療保険担当)
2015 年 10 月	厚生労働省　政策統括官 (社会保障担当)
2016 年 6 月	厚生労働省　医薬・生活衛生局長
2017 年 7 月	厚生労働省　医政局長
2018 年 7 月	辞職

主催・後援 紹介

明治大学ELM

　ELM（エルム，法・医・倫理の資料館）とは医事法と生命倫理に関する国内外の新旧さまざまな資料を取り扱う専門総合資料館です。

明治大学ELM http://www.kisc.meiji.ac.jp/~elmmeiji/index.html

ELM沿革

1982（昭和57）年		東京大学医学図書館内にて「エルムの森」資料室として，唄孝一収集の医事法学関連研究資料の整理開始。
1987（昭和62）年	8月	北里大学においても「エルムの森」資料群の整理開始。
1990（平成 2 ）年	10月	東京大学より「エルムの森」資料室撤退，北里大学医学原論資料室に統合。
1999（平成11）年	12月	早稲田大学法学部法律文献センターへ「エルムの森」資料を寄贈。
2001（平成13）年	12月	早稲田大学より明治大学への「エルムの森」資料再寄贈が了解され，明治大学法学部資料センターへ移転となる。
2010（平成23）年	6月	明治大学法学部「医療と法と倫理（ELM）専門総合資料館（仮称）」創立推進事業の策定。
2011（平成23）年	1月	唄孝一逝去。
2012（平成24）年	3月	ホームページを開設。
2013（平成25）年	4月	初代館長に法学部長 南保勝美 教授が就任。
2014（平成26）年	3月	改修工事により現在のレイアウトとなる。
	4月	第2代館長に法学部長 間宮勇 教授が就任。
	6月	法学部教授会の承認のもと，ELM運営委員会発足。
	7月	正式名称を「明治大学ELM（法・医・倫理の資料館）」として仮開館。
2015（平成27）年	4月	本開館。
	7月	客員研究員を招聘。
2016（平成28）年	4月	第3代館長に法学部長 青野覚 教授が就任。
2017（平成29）年	5月	資料検索システムの導入，公開。 学界回顧「医事法学界の歩み」発刊。
2018（平成30）年	4月	第4代館長に法学部長 村上一博 教授が就任。
	6月	法律図書館連絡会へ加盟。
	7月	ELM公式Twitter開設，公開。
2019（平成31・令和元）年	7月	資料の遠隔複写サービス運用開始。
	11月	学界回顧「医事法学界の歩み」ISSNを取得。

明治大学法学部比較法研究所

　明治大学比較法研究所は，2013年に法学部の付属機関として設立されること
が大学内で承認され，2017年には設立に必要な規定が法学部教授会で決定され
ました。また，同年に開所記念講演会が催され，その活動が本格的にスタート
しました。

　昨今の，様々な国内の比較法研究所の閉鎖を目にすると，こうした流れに逆
らうかのように，なぜ明治大学が比較法研究所を設立する必要性があったのか
という疑問がわいてきます。

　そもそも日本は比較法において長い伝統を有する国です。外国の法律原文の
翻訳の歴史にそれが表れています。既に江戸時代には，出島に定住したオラン
ダ人がヨーロッパから持ちこんだ文書が江戸幕府の要請により翻訳されていま
した。蕃書調所という名の研究教育機関がそのために設立され，それが後の東
京大学となりました。この翻訳活動は今日まで変わらず続けられており，英語
圏諸国では「Translation-Superpower」，ドイツ語圏では「Translations-Tsuna-
mi」と呼ばれるようになりました。

　19世紀末，日本が不平等条約を締結したことに伴い，欧州各国及びアメリカ
合衆国の法秩序を取り入れることを強いられた結果，近代法秩序が導入される
ことになりました。日本の近代法秩序は，憲法・民法・刑法はもちろんのこと，
さまざまな分野で導入され整えられてきました。その状況は，欧州各国及びア
メリカ合衆国も目を留めるところとなり，日本に対する姿勢の変化ももたらし
ました。その象徴的なできごとが不平等条約の改正です。最初に，本格的な改
正の成功を見ることになったのは1899年の出来事であり，その後も1911年ま
で徐々に改正されていきました。この過程で明治大学は中心的役割を担ってい
ました。というのも，日本は外国の法秩序を導入する際，特にヨーロッパ大陸
系法秩序を中心にとらえ，なかでも，1789年のフランス革命により誕生した法
秩序が最新のものであったことから，1881年，フランス法の法律学校として明

治大学が設立されたからです。フランス法講座は今日まで維持されています。

　同じ年に様々な理由からドイツ法にも目が向けられ，現在法学部の専門分野の一つとなっています。また，太平洋戦争の終結後のGHQによる占領時代には，独仏法と並んでアメリカ法が重要視されるようになり，それは現在までアメリカ法講座として続いています。そして戦後日本の経済的な立場の変化を始めとする，世界における立ち位置の変化や拡大から，様々な国々の法秩序を知ることが必要となり，そのことは中国法などさらなる法秩序の専門講座を設けることに繋がっていきました。

　このように外国の法秩序の導入は，日本法制史上の特徴であり，また明治大学法学部の特徴となっています。この点を踏まえると，本学における比較法研究所の設立はむしろ遅かったのかもしれません。

　今日私たちはグローバルな時代の中に生き，日本は地球上のあらゆる国々と深い関係を持ち，多国籍組織の重要な一員となっています。今後，比較法の必要性はますます高まることでしょう。比較法研究所の設立は単に歴史的な意義のみならず，現代社会の法秩序を発展させるために不可欠なものです。

　現代の比較法研究においては成文法のみならず，慣習や倫理などの比較も必要であり，それら全てに精通する研究者の招聘とならび，EUのような国の連合体，また各国内の少数民族の法倫理の研究者の招聘も望ましいでしょう。その際，人気の法律分野に片寄ることなく，どの法律分野からも平等に参加頂きたいと思います。この研究所が外国法秩序のみでなく比較法の研究方法論の向上にも大きく寄与することを強く願います。

　比較法に興味を持つ全ての人が当研究所の全てのイベントに無料で参加できる方向で事業を進めていきます。また日本語や，主に英語の外国語の刊行物によりイベント終了後でもご覧いただけます。現時点では「明治法学論叢」とMeiji Law Journalの紙面を借りていますが，将来，比較法研究所独自の雑誌，シリーズ等の刊行を予定していますので，お待ちください。

（文：ハインリッヒ・メンクハウス）

明治大学法務研究科医事法センター

医事法センターは正式名称を「明治大学専門職大学院法務研究科専門法曹養成機関医事法センター」と称する。

2006年度に「専門法曹養成研究教育センター」（2015年度に「専門法曹養成機関」と名称変更）の1部門として発足し，医事法専門法曹を養成することを目的とし，法務研究科院生及び修了生等を対象とした教育と研究活動を行っている。

2015年度以降は明治大学ELM（法・医・倫理資料館）と共催企画も少なくない。これまでの活動の概要は以下のとおりである。

1. 研究会

医事法学に関連する社会的出来事や判例分析等を年2回程度行ってきた。

2. 資料館見学

毎年2回「国立ハンセン病資料館」（国立ハンセン病療養所全生園の敷地内）見学を行ってきたが，近年は「日本精神医学資料館」（都立松沢病院敷地内）見学も行い，感染症医学に関する「近代医科学記念館」（東京大学医科学研究所敷地内）見学も予定している。

3. 継続教育「損害賠償訴訟と人権運動」

2015年度から2018年度まで年4回ないし年2回（1回当たり90分講座6コマ），展開的損害賠償責任要件論及び戦略的民事訴訟手続論を中心とした講座を，修了生弁護士等を対象に行ってきた。

4. シンポジウム等

2009年度に日独国際ワークショップ「医療と法」及び国際シンポジウム「医療事故」を，2010年度に医療基本法シンポジウムを開催し，2015年度ELM開

館記念シンポジウム「医薬品の法と倫理」，2019年度ELM主催国際シンポジウム「医薬品・医療機器をめぐる日独諸制度の比較」の各開催に協力した。

5. リバティーアカデミー・エクゼクティブビジネスプログラム2019秋期「組織ガバナンスと弁護士の役割」

専門職大学院のガバナンス研究科と法務研究科専門法曹養成機関との協同で企画・実施した。

6. 学会活動

日本医事法学会，日本生命倫理学会，臨床法学教育学会などの学会に積極的に参加し，明治大学において2016年度は日本医事法学会，2017年度は臨床法学教育学会の各研究大会を開催した。

法務研究科修了生弁護士や大学院法学研究科修了生は，かかる活動に参加することで医事法学に関心を抱き，センターは少なからぬ専門職・専門家を育ててきた。

（文：鈴木利廣）

執筆者・翻訳者一覧

ウルリッヒ・M・ガスナー（Ulrich M. Gassner）
　　ドイツ連邦共和国アウクスブルク大学法学部教授

小西知世
　　明治大学法学部准教授，明治大学 ELM 運営委員長

エルマー・ヘルナー（Elmar Hörner）
　　MERCK KGaA 市場流通製品グローバル許認可部門一般医療用医薬品（心血管
　　領域及び新規製品開発）治療部門グループ主任

花輪正明
　　日本製薬工業協会医薬品評価委員会副委員長，塩野義製薬株式会社薬事部部長

上野純也
　　明治大学法学部助手

横沢亘
　　国士舘大学比較法制研究所特別研究員，立正大学法学部非常勤講師

新たな薬事制度を求めて——日独法制度の比較から

2020年3月30日　初版第1刷発行

Ⓒ　明治大学法学部

編　者　明治大学 ELM
　　　　明治大学法学部比較法研究所

発行者　明治大学法学部
　　　　〒101-8301　東京都千代田区神田駿河台1-1

制作・発売　尚 学 社
　　　　〒113-0033　東京都文京区本郷1-25-7
　　　　電話(03)3818-8784　FAX(03)3818-9737
　　　　http://www.shogaku.com/　verlag@shogaku.com
　　　　ISBN 978-4-86031-160-5　C1032

組版・ACT·AIN／印刷・TOP印刷／製本・松島製本